Herren-Los
Unter den Rädern der Emanzipation

Viel Vergnügen beim Lesen

mindest

Kaley

Graz, den 30. 9. 03

HANS URAY

HERREN-LOS
Unter den Rädern der Emanzipation

Eine Satire

Für Irene

Die Deutsche Bibliothek – CIP-Einheitsaufnahme
Uray, Hans:
Herren-Los – Unter den Rädern der Emanzipation/Hans Uray
Wien, EDITION VA BENE, 1993
ISBN-3-85167-003-5
© Copyright bei Dr. Walter Weiss
EDITION VA BENE
Wien 1993

Umschlaggestaltung: Atelier Schiefer, Wien
unter Verwendung eines Cartoons von Michael Svec
Repro: Strichpunkt, Ebreichsdorf
Satz: PWS, Fohnsdorf
Druck und Bindung: Wiener Verlag, Himberg
Printed in Austria
ISBN 3-85167-003-5

INHALT

Männer und Frauen

Die Ehe und andere Zwänge

Die partnerschaftliche Auseinandersetzung

Die Bewältigung des Alltages

Das eheliche Sexualleben

Männer und Frauen

Bleib so wie du bist

Da Männer, sofern sie an keinem Augenleiden laborieren, primär an Äußerlichkeiten hängen, lassen sie sich durch eine physisch einigermaßen attraktive Frau leicht beeindrucken. Überwältigt von deren erfreulichem Abbild, sind sie im großen und ganzen recht zufrieden und voll des guten Willens, aus Liebe großzügig über etwaige körperliche Defizite ihrer Partnerin hinwegzusehen. Nicht, daß sie Mängel in der Ausführung und kleinere Abweichungen von der Ideallinie nicht sehen würden, nein! Aber mein Gott, welche Frau ist schon fehlerlos?

Freilich wäre es auch dem Mann lieber, würde das Objekt seiner Begierde genau in das Konzept passen, das er zuvor in mühseliger Kleinarbeit erstellt hatte.

Als mir das Glück in den Schoß fiel und ich meine Frau kennenlernte, gefiel sie mir in ihrer Gesamtheit außerordentlich. Obwohl ich, rasend verliebt, der üblichen Blindheit anheimfiel, entging meinem wohlwollend kritischen, männlichen Auge eines nicht: Die wie eine zweite Haut sitzende Hose schien an manchen Stellen um eine Nuance zu vollständig ausgenützt. Sie können mir glauben, liebe weibliche Leser, daß ich damals selbst davon restlos begeistert war. Schließlich sind auch bei uns Männern in Einzelfällen kleine Unebenheiten in Form stattlicher Ausbuchtungen der Vorderseite des Rumpfes wahrnehmbar. Im Bewußtsein unserer Einzigartigkeit zweifeln wir dennoch selten an unserer universalen Attraktivität. Daher werde ich nie begreifen, warum Frauen sich andauernd gezwungen fühlen, ihrem Körpervolumen einen Zahlenwert zuzuordnen und anschließend eine Schnelldiät in Angriff zu nehmen.

Als sich meine Frau eines Tages wieder einmal dem unbestechlichen Urteil einer Digitalwaage ausgeliefert hatte, hörte ich einen wahren Entsetzensschrei, gepaart mit einem Kommentar, der einem Mann meiner Erziehung die Röte ins Gesicht treiben mußte. Ohne zu zögern, stürzte ich direkt zum vermuteten Ort der Tragödie, um eine Verzweiflungstat zu verhindern. Nachdem ich die Badezimmertür aufgerissen hatte, konnte ich meine Liebste gerade noch davon abhalten, sich an der unschuldigen Waage zu vergreifen und diese an den Fliesen zu zertrümmern. Obwohl ich meiner Frau glaubwürdig versicherte, an ihr wirklich jede einzelne Gewichtseinheit zu verehren, konnte ich sie anscheinend nicht restlos überzeugen. Sie wurde den Verdacht nicht los, daß ich sie gerne dünner gesehen hätte.

Freilich, Fliehende soll man nicht aufhalten, Abnehmenwollende nicht füttern.

Da es meiner Frau in einer wahren Intensivkampagne gelang, mir einzureden, ihre Leibesumfangsverringerungspläne seien unumgänglich, gab ich meinen ursprünglichen Widerstand auf, stellte mich in den Dienst einer guten Sache und bekam den Auftrag, als Diätassistent am geplanten Projekt mitzuwirken. Ich hatte meine zu allem entschlossene Partnerin täglich mindestens einmal daran zu erinnern, ihre Nahrungszufuhr zu drosseln beziehungsweise sie dem Energieverbrauch proportional anzupassen. Wie mir sicher jeder glauben wird, war ich mit dieser Aufgabe gar nicht glücklich, vor allem aber grenzenlos überfordert. Ich, der ich ihre Rundungen überaus schätzte, sollte zu einer Abflachung derselben beitragen.

Andererseits hätte ich meiner Frau natürlich gerne geholfen, zu ihrer phantasierten Idealfigur zu finden. Daher unterstützte und ermunterte ich sie in ihrem sinnlosen Kampf gegen die Bedürfnisse des eigenen Körpers, so gut ich konnte.

Als mir aber meine aufopferungsvoll hungernde Gefährtin - aufgrund ihres unmenschlichen Darbens durch die Unterversorgung einzelner Gehirnareale in einem psychischen Ausnahmezustand - plötzlich vorwarf, ich würde meine Zuneigung vom Zeiger der Waage abhängig machen, brachen ob dieser verbalen Grenzüberschreitung alle Dämme meiner vergewaltigten Seele. Liebte ich nicht jeden Zoll ihres aufregenden weiblichen Körpers? War ich nicht entschieden gegen diese aberwitzigen Hungerkuren aufgetreten? Durfte meine Frau nicht essen, was sie wollte? Habe ich mich jemals über ihre exzessive Vorliebe für Süßigkeiten mokiert? Nichts von alledem! Ab und zu hatte ich es mir erlaubt, ihrer ungesunden Ernährung wegen sorgenvoll die Stirn zu runzeln. Niemals aber hätte ich es gewagt, offen daran Kritik zu üben.

Ob dieser absurden Unterstellung tief gekränkt, eilte ich in die Vorratskammer meiner Frau, raffte kleine und große Schokoladen, Bonbons und Zuckerln aller Kategorien, Schwedenbomben und Mozartkugeln zusammen und setzte meine erstaunte Liebste einem wahren Geschoßhagel aus. Diese nützte die unerwartete Gelegenheit und stopfte sich hastig alle erreichbaren Seelentröster in ihren ausgemergelten Körper, der zum Glück in kurzer Zeit wieder seine ursprünglichen, natürlichen Ausmaße erreichte.

Die Waage aber schenkten wir her.

Männer sind einfach, Frauen erfreulich labil

Männer sind meist ziemlich naive und recht einfache Geister, leicht zu durchschauen, problemlos zu führen und ziemlich genügsam, besonders was ihre Kleidung betrifft. Gehe ich durch eine Einkaufsstraße ohne feste Absicht, mir zum Beispiel Schuhe zu kaufen, was nur in Frage kommt, wenn meine alten bereits ohne Sohlen laufen, schlendere ich dahin, ohne auch nur einen Blick in die Auslage eines solchen Geschäftes zu tun, da ich mich – wie wir Männer nun mal sind – nicht für leblose Dinge, sondern nur für Menschen interessiere. Äußerlichkeiten, wie Kleidung, bedeuten mir daher absolut nichts, und so würde ich auch jeden Tag das gleiche tragen, hätte ich nicht eine Ehefrau, deren Lebensphilosophie in die Gegenrichtung weist.

Ihr zuliebe entschloß ich mich eines Tages dazu, meine Garderobe, bestehend aus einer Allzweckhose und einem ideal dazupassenden Pullover, durch den Ankauf von komplementärfarbigen Duplikaten aufzustocken. Die sich daraus ergebenden nahezu unerschöpflichen Variationsmöglichkeiten decken jedwedes meiner Bedürfnisse in großem Stil ab. Diese Genügsamkeit ist aber, wie ich zugeben muß, darauf zurückzuführen, daß wir Männer von Natur aus attraktiv und ohne große Retuschen vorzeigbar die Erde durchschreiten. Während ich als Mann ungeschminkt und auch bar jedes Kleidungsstückes jederzeit eine passable Figur mache, sind Frauen bekanntlich gezwungen, sich stundenlangen kosmetischen Manipulationen auszusetzen, um ihre ärgsten und unübersehbaren körperlichen Mängel zu kaschieren, bis sie sich endlich auf die Straße wagen.

Dieses Manko wird aber durch die einnehmende weibliche Wesensart mehr als ausgeglichen. Frauen bringen ohne Zweifel erst das Licht in diese Welt, gestatten sich aber zum Ausgleich das Vergnügen, in mehr oder minder regelmäßigen Abständen eine natürliche Labilität in ihren Stimmungen deutlich werden zu lassen. Dem Einfluß dieser hormonellen Stürme können sich leider auch die restlichen Familienmitglieder nicht entziehen.

Die kritische Zeit erstreckt sich physiologisch gesehen wohl nur über eine Woche, kann aber bei sensiblen Naturen bedeutendere Ausmaße annehmen. Schließlich handelt es sich dabei nicht um irgendwelche gewöhnlichen Tage, die von heute auf morgen einfach so daher kommen. Man muß ihnen auch zugute halten, daß sie sich nicht überfallsartig niederlassen, sondern schon sehr früh ihre Vorboten vorausschicken. Kein Mann kann daher behaupten, er hätte nichts davon gewußt, wenn seine hormonell ferngesteuerte Frau plötzlich über ihn hinwegrollt.

Diese Vorzeit der Hauptzeit hat inzwischen schon soviel Bedeutung gewonnen, daß sich die Wissenschaft ihrer erfolgreich angenommen und sie zu einem Syndrom hochstilisiert hat, worüber ich mich hier nicht näher auslassen möchte, würde das doch meine expertlichen Grenzen weit überschreiten. Dennoch und unabhängig davon sind auch diese Vorreiter der wirklichen Tage für alle männlichen Wesen eine schwere Zeit, müssen sie doch gewärtig sein, ohne jede Vorwarnung mehrmals täglich unter die Räder zu kommen.

Ich möchte nichts unnötig dramatisieren, muß aber alle Frauen ob ihres Schicksals bedauern. Sind sie doch aufgrund einer üblen Laune der Natur im befruchtungsfähigen Alter nahezu die Hälfte eines Monats hormonell bedingten Gefühlsschüben ausgeliefert. Nimmt man es genau, liebe männliche Leidensgenossen, hat man auch die nachfolgenden Tage zu den kritischen Phasen zu zählen, sodaß die Ausrufung eines postmenstrualen Syndroms nur mehr eine Frage der Zeit ist.

Der „neue" und der „alte" Mann

Wenn man den Zukunftsforschern glauben darf, werden wir Männer im nächsten Jahrtausend über eine Statistenrolle nicht mehr hinauskommen. Die im Zuge der emanzipatorischen Bestrebungen erfolgten radikalen gesellschaftlichen Umwälzungen der vergangenen Jahrzehnte haben uns äußerlich so stabilen, aber innerlich extrem labilen Männern weit mehr zugesetzt, als viele es wahrhaben wollen. Substantiell geschwächt, gebeugt bis gebrochen, versuchen wir zu retten, was zu retten ist.

Um nicht aus unseren scheinbar paradiesischen Lebensumständen vertrieben zu werden, verwenden wir den Großteil unserer Energie dazu, all unser Handeln und Tun auf die in alle Welt hinausposaunten Bedürf-

12

nisse der Frauen zu richten. Denn nichts macht uns mehr angst, als die Vorstellung, von unseren Mutterfrauen oder Frauenmüttern, je nachdem, wo der persönliche Wunschschwerpunkt liegen mag, in unserem elenden männlichen Dasein allein gelassen zu werden. Da es daher nur mehr eine Frage der Zeit ist, wann die männlichen Dämme endgültig gebrochen werden, habe ich mich in den vergangenen Jahren besonders bemüht, von Frauen erwünschte Verhaltensweisen zu pflegen, um meine Reformfreudigkeit zu demonstrieren.

Sie können es sich nicht einmal vorstellen, liebe weibliche Leser, welchem Druck ihrer engeren Umwelt reformwillige, feministische Männer ausgesetzt sind. Wie soll auch ein einzelner hilfloser Kerl, vollgepfropft mit gutem Willen und der Sache der Frauen mehr als wohlwollend entgegentretend, es ertragen können, von seinen erfrischend naturbelassenen Kollegen verhöhnt, ausgelacht und in den Dreck gezogen zu werden?

Als meine Freunde davon Wind bekamen, daß ich seit Anbeginn meiner ehelichen Verbindung gezwungen werde, das familiäre Frühstück anzurichten, mußte ich durch eine ständige Hölle der Häme. Dennoch ertrug ich tapfer schwerste Formen von Schmähungen und härteste Beleidigungen meiner innersten Männlichkeit, Wunden, die auch heute noch nicht endgültig vernarbt sind. Diese Schmerzen nahm ich aber damals in Kauf, weil es mir dadurch wenigstens gelang, näher an die Frauenwelt und deren Bewohner heranzurücken. Ich schämte mich auch nicht, aus reinem Opportunismus meinen eigenen Geschlechtskollegen in den Rücken zu fallen und sie verbal zu morden. All das tat ich nur zu einem einzigen Zweck: Ich wollte endlich von den Frauen als Verbündeter anerkannt und in ihre elitären Zirkel aufgenommen werden.

Meinen Beruf mißbrauchte ich dazu, zahlreiche wunderbare Beziehungen in unnötige Turbulenzen zu stürzen. Ich inszenierte Scheidungstragödien und fabrizierte auseinandergerissene Familien, indem ich glückliche Hausfrauen und Mütter, die mich ihrer Kinder wegen aufsuchten, unaufgefordert ermunterte, sich gegen ihre eigenen Männer aufzulehnen. Ich redete ihnen erfolgreich ein, daß sie unterdrückt würden, von ihren Männern und Kindern ausgebeutet und ausgesaugt, um jede Freude im Leben betrogen. Am Ende waren sie davon überzeugt, außerhalb ihrer vier Wände läge das große Glück, und sie brauchten es nur mehr aufzuheben.

Nachdem ich diesen naiven Frauen, die meine Worte wie trockene Schwämme aufsogen, überdies bedeutende Geheimnisse aus der weiten Welt des männlichen Denkens verraten hatte, sahen sie in mir den Frauenfreund par excellence und dankten mir auf ihre Weise. Ich genoß noch schamlos die Früchte meines Verrates, während die von mir aufmunitionierten Amazonen raschest nach Hause eilten. Sie setzten ihren völlig überraschten Männern das Messer an, gruben ihnen das Wasser ab und raubten ihnen die verdiente Ruhe.

Zu meinem Glück ahnten diese Männer nicht, wer all diese revolutionären Gedanken – alles müsse jetzt anders werden – in die Gehirne ihrer heimgestürmten Frauen eingepflanzt hatte. Sie hätten schon längst meine Wohnung angesteckt und meine Kinder entführt. Ich, selbst ein Mann, war zum Denunzianten meiner Kollegen geworden!

In meinem Wahn, mich an weibliche Wertvorstellun-

14

gen anpassen zu müssen, gab ich mich bei Bedarf grenzenlos feminin und versuchte sogar, in diese, für uns sachlich denkenden Menschen, völlig fremde Gefühlswelt einzudringen, um jene in der Frauenwelt so gefragten emotionalen Ausbrüche imitieren zu können. In den entscheidenden Phasen scheiterte ich aber kläglich, da ich wesentliche weibliche Gedankengänge aufgrund meiner leider nur stiefmütterlich ausgeprägten Phantasie nicht nachvollziehen konnte.

Als ich gerade einmal meine frauenfreundliche Nummer abzog und mich eine Kollegin – ohne jede Vorwarnung – freundlich lächelnd einen Chauvi nannte, war ich wie vom Schlag gerührt. Nach dem abrupten Verlust der mühsam gebastelten Tarnung meiner Fassung und Sprache beraubt, konnte ich diese Frau mit irrlichterndem Blick nur mehr hilflos anstarren. Sie aber setzte sofort nach und gab mir den Rest: An meiner Selbstdarstellung sei wirklich nichts Ehrenrühriges, schließlich stünde ich doch auch dazu.

Bis dahin hatte ich fest geglaubt, mich zu einem virilen Feministen gewandelt zu haben und als solcher geschätzt und anerkannt zu werden.

Nachdem ich den ersten Schock einigermaßen verdaut hatte, fühlte ich mich plötzlich von wohligen Gefühlsströmen überschwemmt, um bald darauf nur mehr außergewöhnliche Erleichterung zu spüren. Kann ich doch seit diesem Schlüsselerlebnis endlich wieder meinen wahren Gelüsten und Bedürfnissen nachgeben und als reiner und unverfälschter Vertreter meiner Spezies hocherhobenen Hauptes männerverachtenden Reaktionen verbohrter Vertreter weiblicher Abnabelungstendenzen entgegentreten – wenn auch nur außer-

15

halb des Einflußbereiches meiner Frau. Zeigt sich nämlich die Ehe ihrer Eltern noch von der natürlichen Domi-
nanz des Mannes geprägt, läßt meine Liebste niemals
einen Zweifel an ihrem absoluten Herrschaftsanspruch
aufkommen.

Aus den daraus folgenden depressiven Verstimmungen rettet mich manchmal nur die Flucht in ekstatisches
Schwärmen und haltloses Träumen, wie schön ich es auf
dieser Welt haben könnte, hätte auch ich die Liebe einer
dieser so herrlichen Mutterfrauen erringen können, die
mich trotz meines durch häufigen Gerstensaftgenuß
geschwellten Bauches liebevoll auf ihren zarten, leicht
prilgeschädigten, reichlich eingecremten Händen trägt
und nicht einmal davon träumt, mich mit angeblich
bestehenden Haushaltspflichten zu belästigen oder sich
gar dazu hinreißen läßt, mich als Patriarchen der ersten
Stunde zu demütigen.

Eine selbstlose Gefährtin im greulichen Alltag also,
die nichts anderes im Sinne hat, als mich mit Liebe zuzu-
decken, mich zu hegen und zu pflegen, ihr Wohlergehen
von meinem abhängig zu machen, mir ein Heim zu
schaffen und die mir, wie im Schöpfungsplan vorgesehen, untertan ist.

Ein wunderbarer Traum, für dessen Verwirklichung
jeder Mann Zeit seines Lebens kämpfen sollte.

Früher war es rundherum erfreulich, ein Mann zu
sein. Es genügte, Hosen anzuhaben, und mehr war nicht
zu tun. Heute aber können wir den ewig unzufriedenen
Frauen nichts mehr recht machen.

Wer von uns, liebe männliche Leser, kennt noch das
unbeschreibliche Vergnügen, von seiner Gefährtin für
sein fraglos übergroßes kreatives Potential bewundert

und auf das dazugehörige Podest gestellt zu werden? Von gewissenlosen Verführerinnen irregeführte Frauen unserer Zeit kennen weder Respekt noch Ehrfurcht vor männlichen Gewaltleistungen. Ihr einziges Trachten besteht lediglich darin, unsere herrliche männliche Welt zu zerstören, die wir in vielen Jahrhunderten härtester Arbeit aufgebaut haben.

Diese ungesunde Entwicklung der letzten Jahre hat bei beiden Geschlechtern eine beträchtliche Verschlechterung der Lebensqualität bewirkt. Vor allem die unbedachte Auflösung der natürlichen Rollen von Mann und Frau hat uns in ein unvorstellbares Beziehungschaos geführt, für dessen Folgen jeder von uns einen immens hohen Preis zu zahlen hat. Daß wir Männer zu den Verlierern zählen, kann wohl von niemandem geleugnet werden.

Wer aber könnte ernsthaft behaupten, die Lage der Frauen habe sich verbessert? Wo bleibt denn die vielgepriesene Freiheit der heutigen, sogenannten modernen Frauen? Durch ständige Arbeit an mehreren Fronten geplagt, wirken sie schwer gezeichnet und fallen am späten Abend total erschöpft ins Bett. Dieses dient nur mehr als reine Schlafstätte und hat jene Funktion, die Männern seinerzeit Gelegenheit gab, ihren Hormonstand zu überprüfen und bei Bedarf abzubauen, längst verloren.

Vielen meiner männlichen Genossen und auch mir persönlich fällt es schwer, für solche Frauen Mitgefühl aufzubringen. Hat sie denn irgendwer gezwungen, ihre bequeme Rolle als Heimchen am Herd aufzugeben und sich in die harte Männerwelt zu stürzen? Haben wir Männer vielleicht versprochen, wir würden jetzt einkaufen, kochen, Socken stopfen, waschen, bügeln, den Kin-

17

dern Hintern und Nase säubern und mit ihnen die Aufgaben machen? Haben wir etwa von uns aus groß angekündigt, daß wir diese niederen Dienste verrichten würden?

Da wir aber keine Unmenschen sind, haben wir uns bereit erklärt, wenn auch nur unter massivstem Druck, in unseren Familien mitzuhelfen, wo es möglich ist. Und ich kenne kaum einen meiner Geschlechtsgenossen, der nicht gerne bereit wäre, seinen Teil dazu beizutragen, ließe es sich irgendwie machen.

Denken Sie einmal in Ruhe darüber nach, liebe Leserinnen, und geben Sie sich selbst eine ehrliche Antwort:

Wann sollen denn beruflich schwer unter Druck stehende Männer im Haushalt mithelfen, wenn sie so selten daheim sind und wichtigen Geschäften nachzugehen haben? Am Abend vielleicht? Oder gar am Wochenende? Steht es nicht jedem Lebewesen auf dieser Erde zu, sich wenigstens manchmal erholen zu dürfen? Nichts, aber auch schon gar nichts arbeiten zu müssen? Haben wir Männer inzwischen gar keine Rechte mehr? Müssen wir uns denn wirklich von den vorrückenden Frauenheeren überrollen und vernichten lassen? Ich sage Ihnen, liebe männliche Leser, nein!

Niemals dürfen wir das zulassen, wollen wir nicht in eine ähnliche Sklaverei geraten, in der sich Frauen einmal befunden und offensichtlich auch wohl gefühlt haben. Entspricht es einfach ihrer Natur, unserer jedoch wohl kaum!

Der Mann und sein Auto

Männer besitzen bekanntlich ein deutlich erotisches Verhältnis zu ihrem Auto. Um ihren fahrbaren Untersatz, ein Teil ihres verletzlichen Selbsts, in glänzende Form zu bringen, scheuen sie weder Kosten noch Mühe und schlürfen bei Bedarf sogar lieber eine Klostersuppe, ehe sie ihrer geliebten Blechschüssel ein wertloses Shampoo hineinreiben.

Sieht man die ersten Zeichen des kommenden Frühlings in den Wiesen blitzen, entzündet sich in vielen rauhen Männerherzen eine Flamme der Sehnsucht nach ihrer wahren Heimat. Ganze Heerscharen scheinbar gefühlloser Männer lassen sich instinktiv auf einer Woge der kollektiven Euphorie zu ihrem liebesbedürftigen Lebensinhalt treiben. Von Stolz über ihr Teilhaben an dieser Schicksalsgemeinschaft überwältigt, lassen sie ihre kräftigen, betuchten Hände mit zärtlichen Strichen über ihren geliebten Fetisch kreisen. Nach Stunden intensivster Pflegearbeit blicken sie mit der selbstzufriedenen Miene eines Großgrundbesitzers auf ihr gelungenes Werk.

Wenn Sie, liebe weibliche Leser, einmal daran denken, welche Mühe es Ihnen macht, sich selbst oder Ihre Kinder in solch glänzende Verfassung zu bringen, werden Sie jene Männer verstehen, die ihren Augenstern nicht jeder Führerscheinbesitzerin auszuhändigen gewillt sind. Zum Glück besitzen heute schon viele Frauen selbst ein Auto und ersparen ihrem Liebsten damit viele schwere Stunden.

Doch nicht alle Männer sind in dieser glücklichen

Lage, so auch ich. Dabei bin ich nicht einer dieser eben beschriebenen Zeitgenossen, deren einzige Liebe ihrer Chrombüchse gilt. Vielmehr zähle ich mich zu jenen vernünftigen Menschen, die ihr Auto als reines Transportmittel betrachten und sich nicht gleich nach dem ersten Kratzer das nunmehr sinnlos gewordene Leben nehmen.

Aufgrund meines ausgeglichenen Gemüts verweigere ich mich allen Extremen, halte es aber für einen berechtigten Wunsch, ein zumindest weitgehend unbeschädigtes, gut funktionierendes Gefährt einer verrosteten, beulenübersäten Autoleiche vorzuziehen. Umso mehr, als ich aus beruflichen Gründen täglich auf meine motorisierte Mobilität angewiesen bin. Sie werden verstehen, daß ich meiner Frau lieber beglückende Erlebnisse als Beifahrerin vermitteln, als sie selbst als Lenkraddreherin sehen wollte. Eine, wie mir schien, geglückte Lösung, die allen Beteiligten gerecht werden sollte.

Als ich eines Tages nach einer langen, schweren Fahrt erschöpft, nichtsahnend die Wohnungsschwelle übertrat, wurde auch ich ein sichtbares Opfer des unaufhaltsamen Vordringens weiblicher Stoßtrupps in urmännliche Reviere.

Kaum hatte ich begonnen, über die Härten des beruflichen Lebens zu referieren, teilte mir meine Frau betont kühl mit, daß sie ihre Lenkerberechtigung nicht erworben habe, um als Beifahrerin umzukommen. Ab heute und auf der Stelle werde sie nicht mehr rasten und ruhen, bis sie selbst in der Lage sei, ihren Beitrag zur Unfallstatistik zu leisten.

Nachdem mir blitzartig bewußt geworden war, daß

sie dafür mein eigenes Auto mißbrauchen wollte, brach mir der Schweiß aus allen Poren, schien doch mein künftiges Leben von heftigen Stürmen bedroht. In rascher Folge führte ich zahllose gehaltvolle Argumente an, die eine Inbetriebnahme meines Autos durch eine Frau ohne jedes technische Gefühl und bar jedes Fahrkönnens als reinen Wahnsinn und als unverantwortliche Gefährdung der öffentlichen Sicherheit entlarvten.

Doch all meine Mühe war vergeblich, da meine Frau ihrer gewöhnlichen Sturheit die Krone aufgesetzt hatte und meine Alternativvorschläge – stärkere Benutzung öffentlicher Verkehrsmittel oder eine Renovierung ihres Fahrrades – zurückwies. Sie können sich vorstellen, liebe männliche Leser, daß ich in den nächsten Tagen und Nächten meines Lebens nicht mehr froh wurde.

Täglich betrachtete ich mein schönes, braves Auto nunmehr mit einem anderen Blick, spürte ich doch, daß unsere herrlichen Zeiten einer verschworenen Gemeinschaft endgültig vorbei waren.

Da meine Frau einige Tage nichts mehr von ihren revolutionären Plänen erwähnte, keimte neue Hoffnung in meinem Herzen auf, die aber bald darauf restlos zerstört wurde, als mir meine Liebste beiläufig kundtat, ab sofort einige Fahrstunden zu konsumieren. Sie habe nämlich die Absicht, sich in Zukunft regelmäßig meinem mißhandlungsgefährdeten Kameraden zu widmen.

Besonders mies verhielt sich übrigens ihr Fahrlehrer, noch dazu ein Mann, von dem ich Solidarität erwartet hätte, der sie lobte und meinte, sie könnte durchaus einen Benzinschlucker in Bewegung setzen. Ich glaube jedoch kaum, daß dieser unmögliche Mensch meiner

Frau seinen Privatwagen zur Verfügung stellen würde. Aber von mir verlangte er es.

Nach Abschluß dieser Wiederauffrischungsfahrten mußte es wohl oder übel zu direkten Begegnungen mit meinem mir inzwischen doch ans Herz gewachsenen Transporter kommen. Es kam zu aufregenden Rodeos in relativ verkehrsarmen Gegenden, wobei ich erstmals hautnah das Erlebnis eines Ralleybeifahrers, der ständig imaginäre Bremsbewegungen ausführt, nachvollziehen durfte.

Sollten Sie, geschätzter Leser, stabil genug sein, um Ihrer Liebsten das zielgerichtete Lenken eines Kraftfahrzeuges beizubringen, schließen Sie am besten die Augen und denken daran, daß auch Sie einmal ein Lernender waren.

So wie der junge Arzt bei seiner ersten Operation einen geduldigen und mutigen Patienten braucht, benötigt auch die Anfängerin am Steuer einen toleranten und gütigen Begleiter, keinesfalls aber einen Hektiker, der pausenlos am Rande des Herzinfarktes taumelt. Durch meine gelassene und ruhige Art gelang es meiner Frau relativ rasch, fahrerische Höchstleistungen zu erzielen.

Alsbald konnte ich nach einem rauschenden Fest die Vorteile einer rasenden Braut genießen. Nachdem der Start ohne gröbere Verzögerungen gelungen war, zeigte meine Chauffeuse ihr großes Talent, indem sie bereits bei der ersten Kreuzung den Bremspunkt extrem spät ansetzte. Nur Niki Lauda hätte es gewagt, noch länger zu zögern. Wegen meiner mangelnden Routine als Beifahrer riß ich vorzeitig an der günstig gelegenen Handbremse, wodurch wir einen kreuzenden Verkehrspartner nur ganz knapp verfehlten. Der folgenden rein sachlichen Diskussion angesichts des mißlungenen Abschusses fehlte eigentlich nur ein Moderator; so blieb die Frage des optimalen Bremspunktes bis heute ungeklärt.

Den krönenden Abschluß des gelungenen Abends bildete die Einfahrt in die Tiefgarage, wo mir meine Frau eine neue, viel direktere Linie zeigte, für deren Realisierung mir leider das fahrerische Können völlig fehlt.

Für jeden Schüler kommt eines Tages der aufregende Moment, allein eine Demonstration seines Könnens zu geben. Als ich eines Tages gezwungen war, länger als meiner Gefährtin lieb auf dem Tennisplatz zu verweilen, erheischte sie von mir die Autoschlüssel. Daß ich sie ihr ohne Zögern überließ, zeigt deutlicher als alles andere, welches Vertrauen ich meiner Frau damals entgegenbrachte. Nach der Übergabe verschwand ich kurz ums Eck, um aus dieser Deckung ihre Jungfernfahrt beobachten zu können.

Sie können mir glauben, daß mein Stolz höhere Dimensionen erreichte, als ich meinen Schützling davonfahren sah. Da ich in der nächsten halben Stunde weder von Polizei noch Rettung gesucht wurde, kam ich zu der beruhigenden Einsicht, daß alles gut gegangen sein mußte. Die körperliche Unversehrtheit meiner Frau bedeutet mir nämlich viel, mehr als manchem ein unbeschädigtes Fahrzeug.

Durch diesen doch etwas überraschenden Erfolg animiert, entwickelte meine rasende Gefährtin ein nahezu unstillbares Bedürfnis, mein Auto bis an die Grenzen seiner Belastbarkeit zu führen. Niemals hätte ich gedacht, daß die moderne Technik derart stabile Verschleißteile entwickeln könnte. Als ich eines Tages auf einer Dienstreise bei einem Kollegen die Freuden des Beifahrers genoß, wußte ich meinen Wagen bei meiner Frau bestens aufgehoben, sodaß ich während meiner Abwesenheit nicht einen einzigen Gedanken an das zurückgelassene Fahrzeug verschwendete.

Nach meiner Rückkehr betrat ich unsere Wohnung in der Gewißheit, mich im Schoße der Familie von den Strapazen der vergangenen Tage erholen zu können. Während mich beide Kinder gar herzlich begrüßten und sich strahlend an meine breite Brust kuschelten, blickte ich plötzlich in das unheilschwangere Antlitz meiner lieben Frau. Ich fürchtete das Schlimmste und beschwor sie, mich nicht länger den fürchterlichen Qualen der Ungewißheit auszusetzen.

Doch sie schüttelte nur stumm ihre schönen Locken. Nun wußte ich endgültig, daß etwas unvorstellbar Schreckliches passiert sein mußte. Wahrscheinlich hatte es unter meinen nächsten Verwandten ein unerwartetes Massensterben gegeben, sodaß meine Frau fürchtete, ich würde bei dieser Nachricht lautlos zusammenbrechen und damit das unaussprechliche Unglück noch potenzieren. Weil ich mich aber innerlich bereits auf den familiären Super-GAU eingestellt hatte, wollte ich es endlich wissen, und so packte ich meine zerknautschte Liebste und rüttelte und schüttelte sie, bis sie, laut aufschluchzend, zusammenbrach. Es kostete mich viel Mühe und Geduld, ihrem abgehackten Gestammel die nötigen Informationen zu entnehmen.

Meine schlimmsten Befürchtungen wurden leider noch weit übertroffen. Wäre das Ableben einiger älterer Verwandten als etwas ganz Natürliches noch zu verkraften gewesen, traf mich die Nachricht von der

24

schmerzhaften Verletzung der empfindlichen Außenhaut meines bislang unversehrten, einzigen Autos mitten ins Herz.

Kaum war mir das ganze Ausmaß dieser Katastrophe ins Bewußtsein gedrungen, sprang ich auch schon auf und stürzte zum Garagenplatz, in dem mein geschändeter Gefährte hauste. Zärtlich streichelte ich über seine wunden Stellen und versprach ihm, die dafür Verantwortliche zur Rechenschaft zu ziehen. Ein unüberhörbares, dankbares Ächzen der gequälten Kreatur war mein Lohn.

Wie ich nachher erfuhr, hatte meine gute Frau trotz eines ausdrücklichen Verbotes meinerseits versucht, die Geheimnisse der Tiefgarage zu ergründen. Da ihr auf Anhieb die Ausfahrt gelungen war, hatte sie in Anbetracht dieses ersten schnellen Erfolges ihre Möglichkeiten überschätzt und war in ihrer Begeisterung an den Tücken der Einfahrt gescheitert. Nach Aussage meiner Liebsten wäre ihr die erste Linkskurve optimal geglückt, dann aber hätte sich das Auto auf seiner rechten Seite plötzlich ausgedehnt und sich wohlig knirschend an der rauhen Mauer gerieben. Nur ihrer raschen Reaktion wäre es zu verdanken, daß es zu keinem Betonbillard gekommen sei.

Ich zeigte mich also großmütig und verzichtete darauf, meiner Frau die Lenkerberechtigung zu entziehen. Immerhin war es der erste Wagen, den ich bisher nicht selbst zerkratzt hatte. Wenn ich auch manchmal die hohen Reparaturkosten erwähnte, machte ich meiner Gefährtin dennoch niemals heftige Vorwürfe ob ihres gravierenden Fehlverhaltens.

Sie aber weigerte sich von nun an, jemals wieder der

Einfahrt auch nur nahe zu kommen. Kommt es ihr in den Sinn, sich zu einer Ausfahrt zu entschließen, habe ich das Vergnügen, ihr den Wagen in der gewünschten Fahrtrichtung mit laufendem Motor zur Verfügung zu stellen, um ihn anschließend, ob Tag oder Nacht, wieder in seine Behausung zurückzuführen.

Kaum hatte ich dieses aufregende Erlebnis verarbeitet, sollte unsere Ehe einer neuen und noch größeren Belastungsprobe ausgesetzt werden. Eines Tages fühlte meine Frau bei einfachen Stadtfahrten nicht mehr den nötigen Nervenkitzel. Sie beschloß daher, ihre Mobilität länderübergreifend auszudehnen und teilte mir kommentarlos mit, ihre Jungfernfahrt würde sie zu ihrer hinter den sieben Bergen wohnenden guten Mutter führen. Ich verbrauchte alle mir bekannten psychologischen Tricks, um meine aufkeimenden Ängste unter Kontrolle zu halten.

Nachdem ich von meiner Liebsten am Tag ihrer Abreise vor meinem Büro abgesetzt wurde, hatte ich das Gefühl, der radikalen Abspaltung eines Teiles meines Selbsts beizuwohnen. Wie nah war ich doch damals all jenen besorgten Müttern, deren Kinder erstmals allein den Gefahren der großen weiten Welt ausgesetzt sind!

Erst nach ewig scheinenden Stunden wurde ich durch den heftig herbeigesehnten Anruf meiner Frau von meinen innerlichen Qualen erlöst. Endlich wurde mir klar, warum gerade von Männern häufig eine weitere Verbreiterung und Begradigung unserer Verkehrswege gefordert wird.

Zu meiner großen Erleichterung gelang es inzwischen meiner Frau, ihre Kunst des Pilotierens durch regelmäßige Fahrübungen derart zu vervollkommnen, daß ich mich in Gaststätten oft nur deswegen vollaufen lasse, um von ihr nach Hause geführt zu werden und als Beifahrer unsägliche Befriedigung zu erleben:

Ich sperre das Auto einfach auf. Meine Liebste aber öffnet es und läßt es mehrmals tief durchatmen, um es durch das Aufnehmen der anregenden Abgase seiner Verwandten für die kommenden Aufgaben zu stärken. Befriedigt sinkt sie danach in den Sitz und streichelt das gesamte Interieur mit einem warmen Lächeln, bevor sie den Zündschlüssel vorsichtig in der vorgesehenen Nische verschwinden läßt.

Einfühlsam, aber entschlossen entfacht sie mit einem kurzen Dreh ein vollmundiges Schnurren des bewegungsfreudigen Motors, übergangslos erinnert sie mit liebevollem Druck die elastische Kupplung an ihre Bestimmung, während das wohldosierte Gas den Wagen fast unmerklich in Bewegung setzt. Statt gefühllos die Gänge reinzupressen, rührt sie zärtlich im Gestänge, und wo andere stupide lenken, läßt sie den Wagen um die Kurve gleiten.

Wohl ewiglich würde ich mich dieser Wonne hingeben wollen, gäbe es nicht einen Wermutstropfen. Um meine Frau nicht aus ihrer konzentrierten Versunkenheit zu reißen, ist es mir strengstens untersagt, unnötige Worte zu verlieren oder vielsagende Blicke zu verschicken. Weder darf ich mich verdächtig bewegen, noch auf den Drehzahlmesser zeigen, geschweige denn ins Lenkrad greifen.

Obwohl nur schwer vorstellbar, behauptet meine liebe Frau ernsthaft, ohne meine genußvollen Seufzer ihre fahrerischen Leistungen noch weiter steigern zu können. Trotz unserer langen Beziehung würde ich sie nämlich noch immer entsetzlich aufregen; einfach durch meine Anwesenheit. Schön, wenn man solch eine sinnliche Ausstrahlung hat.

Der Mann und seine Hobbies

Da regelmäßige körperliche Ertüchtigung für mein Wohlbefinden unerläßlich ist, bin ich gezwungen, mehrere Abende der laufenden Woche dem Erzielen sportlicher Höchstleistungen zu opfern.

Als ich meine Frau kennenlernte, verlangte sie in ihrer weiblichen Maßlosigkeit, ich müßte mich zu jeder Tages- und Nachtzeit zu ihrer Verfügung halten und jedwede andere Aktivität einstellen. Um das zarte Pflänzchen unserer Beziehung am Leben zu erhalten, wurden für mich Rücksichtnahme und Kompromißbereitschaft zu einer wahren Sucht. Zu meinem Glück verzichtete meine Kontrahentin auf den totalen Triumph und ließ mir den einen oder anderen Abend zum Zwecke des sportlichen Wettbewerbes.

Wahrscheinlich, um mich nicht allzu fett werden zu lassen.

Doch nicht alle einer weiblichen Verführung zum Opfer gefallenen Kollegen kommen so glimpflich davon. Manch einer begeht in der Phase der größten Verliebtheit den gravierenden Fehler, vor lauter Begeisterung für seine süße Eroberung bereitwilligst auf all seine Hobbies zu verzichten. Dieser kurzfristige Ausfall des gewöhnlich überlegenen männlichen Denkvermögens kann zu einem bedeutenden Kontrollverlust führen. Nach dem üblichen Abflauen der ersten Euphorie haben viele

Männer nämlich oft die größte Mühe, auch nur einen Bruchteil der zuvor genossenen Freiheiten wieder zu erlangen. Mein Mitgfühl ist diesen unglücklichen Zeitgenossen gewiß, ihre taktischen Schnitzer sind aber im Grunde genommen unverzeihlich.

Uneingeschränkte Bewunderung zolle ich aber jenen psychisch stabilen Männern, die, der allzu innigen Zweisamkeiten recht bald überdrüssig, an ihre vorehelichen Abendveranstaltungen nahtlos anzuschließen imstande sind. Diese bemerkenswerten Prachtexemplare männlicher Durchsetzungsfähigkeit scheinen ihre Liebste weitgehend im Griff haben. Aber auch solche scheinbar unerschrockenen Männer können durch gezielte Gegenmaßnahmen in höchstem Maße irritiert werden.

Sind Sie, liebe weibliche Leser, bedauerlicherweise an einen Typ geraten, der seine Hobbies um eine Spur mehr liebt als Sie, gibt es Mittelchen und Wege, ihm seine Ausflüge systematisch zu vermiesen. Nutzen Sie die Erkenntnisse psychologischer Lerntheorien und verpassen Sie Ihrem Flüchtling durch gezielte Verunsicherung ein schlechtes Gewissen.

Ermuntern Sie Ihren Mann über einen längeren Zeitraum hinweg, seinen Hobbies, was auch immer er darunter verstehen mag, regelmäßig nachzugehen. Sorgen Sie dafür, daß er dazu Ihr kuscheliges Heim verlassen muß. Werden Sie auch nicht ungeduldig, wenn Ihr Liebster gezwungen ist, seine abendlichen Touren auszudehnen. Vermutlich wurde er in seinem Verein zum Vorstandsmitglied gewählt, eine Funktion, die jedem Manne zur Ehre gereicht, dient diese bedeutungsvolle Aufgabe doch dem Gemeinwohl.

Sollte Ihr Mann außergewöhnlich sensibel sein und

auch Ihr Wohlergehen in seine Überlegungen miteinbeziehen, versichern Sie ihm, daß Sie ein zufriedener Mensch seien und keinerlei Außenkontakte brauchten; schon gar nicht am Abend. Sie hätten doch Ihren schönen, großen Fernseher mit den vielen Programmen, dem Kabel sei Dank! Er könne auch auf Ihr Verständnis hoffen, müßte er in Zukunft aufgrund von Sachzwängen mitunter später als gewollt nach Hause kommen. Würde Ihr Bedürfnis nach Geselligkeit dennoch einmal über Sie hinwegrollen, wäre es für Sie doch jederzeit möglich, Ihre beste Freundin, im Notfall aber auch Ihre liebe Mutter anzurufen.

Zögert Ihr Hobbyreiter noch immer, weitere seiner Abende unbedankt für andere parasitäre Mitglieder unserer dahinfaulenden Gesellschaft zu opfern, streicheln Sie begütigend über sein sorgenvolles Haupt und weisen Sie ihn darauf hin, daß erfahrene Eheberater regelmäßige Trennungen langjährig ineinander verstrickter Ehepartner wärmstens empfehlen. Letzteres Argument wird auch Ihren Mann zu Fall bringen. Schweren Herzens auf Sie als Daheimgebliebene zurückblickend, wird er die Treppen fröhlich laut pfeifend hinunterspringen. Verspüren Sie irgendwann einmal Lust, in die Abendgestaltung Ihres Mannes eingreifen zu wollen, führen Sie wie folgt Regie:

Ist Ihr Süßer einigermaßen normal, wird er sich, um Sie bei Laune zu halten, im allgemeinen nicht allzu spät auf den Heimweg machen. Leider gibt es auch heimatlose Männer, deren größte Liebe fremden Gasthausdielen gilt. Es wird sich daher nicht verhindern lassen, daß Ihr Vorstandsmitglied einmal etwas später heimfindet. Äußerlich gelassen, innerlich aber zutiefst verängstigt, harrt er der unvermeidlichen Rüge: Schaffen Sie ein Paradoxon, indem Sie ihn in Ruhe lassen. Fragen Sie ihn freundlich lächelnd, wie es gewesen sei, wen er getroffen habe, und scheuen Sie sich auch nicht, Ihrer Freude über den gelungenen Abend Ausdruck zu geben.

Das hat Ihr Mann sicher nicht erwartet. In seiner grenzenlosen Erleichterung wird er sogleich dem Irrglauben verfallen, seinen persönlichen Freiraum um ein wesentliches Stück erweitert zu haben. Ruhigen Gewissens wird er bei der nächstbesten Gelegenheit seinem Freiheitsdrang die Sporen geben und unbesorgt die Nacht zum Tage machen. Plazieren Sie, bevor Sie sich zur Ruhe begeben, neben das Bett Ihres Mannes ein unüberbrückbares Hindernis in Form eines massiven Sessels. Da Ihr Nachtschwärmer es gewöhnt ist, sich nach seiner Heimkehr im Dunkeln unter seine Decke zu schwindeln, können Sie damit rechnen, durch den Aufprall Ihres Mannes an der hölzernen Barriere mit einem Schlag hellwach zu sein. Ignorieren Sie sein heftiges Fluchen und nützen Sie den Überraschungsschock. Legen Sie, ohne ihm Zeit zu irgendeiner Reaktion zu lassen, eine sensationelle Szene aufs Parkett. Führen Sie ihm mit erhobener, leicht schriller und einschneidender Stimme sein unmögliches Verhalten vor Augen. Ob er nicht mehr wisse, wo er wohne oder der Meinung sei, noch Junggeselle zu sein; ob er denn glaube, er könne machen, was er wolle; wie er sich denn überhaupt eine Ehe vorstelle usw.

Nutzen Sie seine erstarrte Haltung und sein ungläubiges Staunen und legen Sie noch etwas nach. Sie hätten jetzt endgültig genug von seinen Eskapaden, von seiner

Rücksichtslosigkeit. Seit Jahren ginge das schon so, er aber würde nicht einmal bemerken, wenn Sie gar nicht mehr in der Wohnung wären. Lange genug hätten Sie sich als Putzfrau und Köchin mißbrauchen lassen. Schon aus Gründen der Selbstachtung könnten Sie diese ständigen Demütigungen nicht mehr ertragen.

Legen Sie nun eine längere Pause ein, um Ihrem kalt erwischten Opfer die Chance zu einer Reaktion zu geben. Mehr als ein hilfloses Gestammel wird nicht zu hören sein. Verlassen Sie jetzt rasch die Stätte ihres Triumphes, bevor Sie vor Mitleid mit dem Gemeuchelten alles verderben. Beharren Sie in dieser Nacht auf getrennte Betten. Ist dies aus Platzgründen nicht möglich, schweigen Sie beharrlich, was auch immer Ihr entnervter Hobbyist an verbalen Kontaktversuchen aus seiner brennenden Brust zaubern mag.

In den nächsten Tagen verhalten Sie sich wieder wie gewohnt, als wäre nichts geschehen. Der Gemaßregelte wird froh sein, daß der Sturm vorüber ist und nach einer ruhigen Übergangsphase sein altes Hobbyleben wieder aufnehmen. Allerdings dürfte er, wenn er sich nicht als völlig erziehungsresistent erweist, beim nächsten Mal wesentlich früher heimkommen. Das ist für Sie die einmalige Gelegenheit, Ihrem Liebling den letzten Rest an Sicherheit zu rauben.

Wiederholen Sie einfach in etwas gekürzter Form die weiter oben beschriebene Szene. Der gewöhnliche Ehemann wird sich nun naturgemäß überhaupt nicht mehr an den Realitäten orientieren können und in Zukunft immer früher heimkommen. Selbst dabei wird ihn noch das schlechte Gewissen plagen, und seine Freizeitaktivitäten werden ihm nur mehr wenig Freude bereiten.

Empfindlichere Naturen könnten sogar so weit gehen, ernsthaft daran zu denken, ihr geliebtes Hobby aufzugeben, diese Idee aber, aus Angst von ihren Kameraden verspottet zu werden, nicht umzusetzen wagen. In jedem Fall werden Sie, liebe Leserinnen, über kurz oder lang einen streichfähigen Ehemann Ihr eigen nennen.

Sollten Sie aber einen der wenigen wirklich selbstsicheren Männer mit der beschriebenen Methode malträtieren, müssen Sie damit rechnen, daß solche Kaliber nicht nur noch länger fortbleiben, sondern am Ende überhaupt nicht mehr nach Hause kommen. Bedeutet dies für Sie persönlich aber keinen spürbaren Verlust, zögern Sie nicht länger, meine praxisbewährten Vorschläge in die Tat umzusetzen.

Frauen ziehen Männer an

Da ich ein eher lässiger Mensch bin, der vieles nicht so genau nimmt, halte ich es persönlich nicht für ein Verbrechen, mit einem etwas ungebügelten Hemd, ansatzweise löchrigen Socken oder ungeputzten Schuhen meinen Geschäften nachzugehen. Erwischt mich aber meine liebe Frau in solch einem Aufzug, erwacht in ihr sofort das Muttertier. Augenblicklich ergießt sich über mich eine wahre Flut von Rügen, erzürnten Ausrufen und Vorwürfen ob meiner unmöglichen Erscheinung.

Als ob ich nicht in der Lage wäre, mein Äußeres so zu gestalten, daß ich, ohne dem Hohn und Spott meiner Umwelt ausgesetzt zu sein, auf die Straße gehen könnte!

Meine aufgebrachte Frau gibt aber so lange keine Ruhe, bis ich von oben bis unten geglättet und geputzt einem stillosen Dandy gleiche. Stellt meine Frau zum

Beispiel eines Tages die Notwendigkeit eines Hosenankaufes fest, ist jeder Widerstand zwecklos. Daß ich dieses Schicksal eines Entmündigten mit vielen anderen langgedienten Ehemännern teile, ist für mich nur ein schwacher Trost.

Benötigt ein vernünftiger, selbstsicherer Mann eine neue Hose, beauftragt er seine Frau, in Frage kommende Stücke ins Eigenheim mitzubringen und dort zur Anprobe vorzulegen. Anschließend entscheidet er sich, ohne auch nur einen Moment zu zögern, für die erste Hose, wie immer sie auch aussehen mag. Ich aber werde zu einem Herrenausstatter geschleppt und gezwungen, dort ein wahrlich entwürdigendes Theater mitzumachen. Unbeholfen und auf alles gefaßt stehe ich herum, während wir auf meinen Standardverkäufer warten, dessen Empfehlungen ich seit Jahren zu folgen habe.

Charmant lächelnd eilt der Textilexperte auf uns zu und begrüßt meine Frau untertänig, die er sogar für eine gnädige hält. Mich grüßt er auch, schenkt mir aber weiterhin keine Beachtung mehr. Da es mir sowieso nicht erspart bleibt, ziehe ich mich freiwillig in die Umkleidekabine zurück, wo ich in der Unterwäsche warte, bis plötzlich der Vorhang aufgeht. In der kommenden Vorstellung führen der Verkäufer und meine Frau in einem gelungenen Wechselspiel miteinander Regie, wobei ich ihren Anweisungen strikte zu folgen habe.

Beide, offensichtlich fachlich auf einer Wellenlänge, reden sie über Stoffe, Waschbarkeit, Abfärben, Eingehen und Haltbarkeit und diskutieren über den Rest meiner Garderobe, was wozu paßt und was nicht. Mein sorgfältig gepflegtes Lieblingshemd sei als hoffnungslos veraltet unverzüglich der nächsten Sammlung des Roten Kreuzes einzuverleiben.

Habe ich das erste der in Frage kommenden Modelle hinaufgewürgt, unter Umständen mit dem bereitgelegten Schuhlöffel nachgeholfen, werde ich zur Begutachtung freigegeben. Oft habe ich sogar vor das Geschäft auf die Straße zu treten, angeblich des Lichtes wegen. Meine Frau und der Verkäufer gehen nun mehrmals um mich herum, zupfen da und fummeln dort und reden über mich, als wäre ich ein lebloser Schaufensterbub.

Scheint das Theater nach zumindest zehn solcher Einakter durch die Auswahl einer Hose endlich zu Ende, paßt sicher die Länge nicht, oder ein breiter Fettring entlang der Hüften verhindert die Schließung der modischen Vorderseite.

Auf ein Zeichen folgt der Auftritt eines neuen Akteurs, des Schneiders, wodurch das Schauspiel noch eine dramatische Verlängerung erfährt. Hat dieser Meister Zwirn doch eine ungemein diffizile Art, mich unmerklich merkbar abschätzig anzublicken, bevor er anfängt, mich von oben bis unten festzunadeln.

Nach dem Abgang des Schneiders habe ich zum Glück das Schlimmste überstanden. Schicke ich mich an, die Rechnung zu bezahlen, werde ich plötzlich wieder zu einem achtbaren Menschen. Ist die Aufführung schließlich zu Ende, und verlassen wir diese grausame Stätte, erinnert sich auch der Verkäufer an meinen akademischen Grad und hält mir entsprechend höflich die Türe auf. Kaum aber bin ich draußen, kann er sich wahrscheinlich kaum fassen vor Lachen, welch ein Waschlappen von Mann ich bin. Klarerweise kann ich darüber nicht besonders glücklich sein, sehe aber keine Chance, an dieser Tragödie etwas zu ändern.

Anfangs habe ich mehrmals versucht, auch meine Meinung zu äußern, es dann aber bald aufgegeben, bekam ich doch nie eine Antwort. Einmal zog ich sogar absichtlich löchrige Socken an, um meiner Frau eins auszuwischen. Während sich meine Mutter für mich noch zu Tode geniert hätte, orderte meine Frau unbeeindruckt sofort zehn Paar neue, und ich resignierte endgültig.

Wenigstens einmal schien auch mir ein Erfolgserlebnis gegönnt zu sein, leider blieb es nur ein Zwischenhoch. Eine andere Kundin hatte meine zahlreichen Verkleidungsversuche mit größter Begeisterung verfolgt, ging spontan auf mich zu und lobte mich für meine übermännliche Geduld. Meine aufsteigende Freude verpuffte aber rückstandslos, als sie mich inständigst bat, mehrere Hosen anzuprobieren, hätte ich doch fast die gleiche Figur wie ihr Mann. Während meine Frau diese Dame ob ihres distanzlosen Begehrens in die Schranken wies, verließ ich fluchtartig das Lokal.

Männer halten Frauen aus

Willenlose Männer meines Zuschnitts haben aber weit schlimmere Erlebnisse zu verkraften, da sie regelmäßig gezwungen werden, ihre Frauen auf ihrer Einkaufstour zu begleiten. Sollten Sie, liebe männliche Leser, solch eine Odyssee einmal miterlebt haben, werden Sie mir glauben, daß es sich dabei um Erfahrungen handelt, die im wahrsten Sinne des Wortes unbeschreiblich sind.

Während ein Mann als Darunter im allgemeinen ein rein funktionelles Stück Baumwolle trägt, um seinen sensibelsten Körperteil vor Kälte oder Beschädigungen zu schützen, fühlen sich Frauen unserer Epoche mehr denn je dazu getrieben, ihren erotischen Auffälligkeiten durch allerlei zarte Kombinationen von Rüschen und Spitzen das Flair des Außergewöhnlichen zu verleihen. Sogar emanzipierte Vertreterinnen der Damenwelt wollen nicht darauf verzichten, seidene Wäschekreationen auf ihrer verwöhnten Haut flattern zu sehen.

Als meine Frau eines trüben Nachmittags ihre prallen Lager schmeichelweicher Dessous einer Inventur unterzog, mußte sie mit Schrecken bemerken, daß manche Stücke bereits in den Prozeß des Vermoderns einbezogen schienen. Telefonisch forderte sie mich sogleich auf, meinen Arbeitsplatz zu verlassen, um ihr beim geplanten Erwerb frischer Bodies, Teddies und Knickers als Pausenfüller, Träger und Financier zur Verfügung zu stehen. In diesen Funktionen nicht ganz unbedarft, kam ich wie so oft aus dem Staunen kaum heraus, welches Angebot an einschlägigen Geschäften in unserer Stadt der modernen Frau solch einen Einkauf zum reinen Vergnügen macht.

Leider kann ich mich nicht mehr genau erinnern, mit wievielen Glaspforten ich Bekanntschaft machen durfte, welche Stiegen ich auf- und abtrappelte und wieviele Verkäuferinnen mich ob ihres Liebreizes entzückten. Während meine Frau lange Reihen von baumwollenen, seidenhältigen oder polyesterdominierten Dessous abschritt, hatte ich die überaus diffizile Aufgabe, auf eine entsprechende Aufforderung hin, meine Meinung zu den verschiedensten Stücken abzugeben, wobei ich sorgfältig darauf achten mußte, meinen Tonfall niemals vom Keim des Desinteresses überwuchern zu lassen.

Nachdem sich meine Frau endlich dazu entschlossen hatte, mehreren Bodies die Chance zu geben sich an ihren wartenden Körper zu schmiegen, übersiedelte sie in eine dieser ökonomisch geplanten Kabinen, aus welchen vielversprechende Geräusche raschelnder Stoffe und surrender Reißverschlüsse drangen. Die mitunter längere Wartezeit wäre durchaus erträglich gewesen, hätte ich das Zusammenspiel der zahlreichen Spiegel genützt, um Informationen über das Geschehen hinter den Vorhängen zu gewinnen. Selbst hätte ich niemals an solch unschickliche Varianten gedacht, wäre ich nicht von einer Verkäuferin darauf aufmerksam gemacht worden. Bei günstigen Bedingungen und dem richtigen Einfallswinkel könnte es Vorbeigehenden gelingen, sich am Anblick erregender Einzelteile dessousbekleideter Damen zu ergötzen.

Als es einem attraktiven Wäschestück nach unzähligen Nieten endlich gelang, vor den kritischen Augen meiner Frau Gnade zu finden, hatte ich als Zwischengutachter in Aktion zu treten. Zum Glück zählt meine Liebste nicht zu jenen unbedarften Wesen, die ihren Luxuskörper durch billigen Ramsch entweihen. Daher ließ sie auch diesmal ihr Gefühl für exklusive Einzelstücke nicht im Stich, sodaß ich bei meiner Beurteilung vor keiner leichten Aufgabe stand.

Wie meist in solchen diffizilen Fällen äußerte ich mich dezent zustimmend, keinesfalls aber begeistert, könnte es doch falsch aufgefaßt und als Kaufauftrag verstanden werden. Meine Frau beobachtete meine zum Glück sehr kontrollierten Gesichtsmuskel äußerst aufmerksam, um meine wahre Meinung erkennen zu können. War sie sich nicht ganz sicher, schied das teure Stück zum Glück aus der engeren Auswahl aus. So gelang es mir, den pekuniären Schaden für meine Privatschatulle in Grenzen zu halten. Nach zahlreichen Anproben und Begutachtungen meinerseits blieb mir schließlich das Privileg, aus zwei in die engste Wahl gekommenen Prachtstücken eines aussuchen und anschließend das Geschäft perfekt machen zu dürfen.

Frauen sorgen für gemeinsame Unternehmungen

REISEN

Während Männer heiraten, um in jeder Hinsicht endlich einmal Ruhe zu haben, entwickeln sich viele Frauen offensichtlich in die andere Richtung. Trotz angeblicher Mehrfachbelastungen scheinen die meisten von ihnen mit unerschöpflichen Energien ausgestattet zu sein. Frauen haben anscheinend doch nicht so viel zu tun, wie sie uns weiszumachen versuchen, oder sie sind von Natur aus agiler. Männer hingegen neigen mit zunehmendem Alter verstärkt dazu, das Prinzip der Trägheit zu ihrer Lebensmaxime zu machen. Einer meiner Bekannten demonstrierte das erfrischend klar und überzeugend.

Als ihn seine unternehmungslustige Angetraute zu einer ungeplanten Reise ins ferne Spanien animieren wollte und nach seiner Meinung forschte, konterte dieser aus seiner baumwollenen Hängematte heraus dialektisch geschult mit der prächtigen Gegenfrage, was er denn dort sollte. Da seine verständlicherweise etwas überfahrene Gefährtin sich vergeblich das Gehirn nach einer passenden Antwort zermarterte, blieb die Hochzeitsreise bis heute die einzige gemeinsame Fahrt der beiden.

Als ich im Vorjahr eine ähnliche Attacke meiner leider wenig seßhaften Frau über mich ergehen lassen mußte, fiel mir zum Glück gleich die gloriose Antwort des erwähnten Reisemuffels ein. Auch meine Liebste, sonst so stolz auf ihre Schlagfertigkeit, konnte mir nicht erklären, wozu ich meine heimelige Wohnung verlassen sollte, um nach einer stundenlangen Fahrt in einem unbequemen Autobus gemeinsam mit anderen unwilligen Männern den schiefen Turm von Pisa zu begaffen, und dafür auch noch Unsummen meines guten Geldes zu verschleudern.

Hoch erfreut über den schnellen Erfolg setzte ich mein gewohnt ruhiges Leben fort, ohne zu registrieren, wie meine Liebste durch wiederholte Erzählungen von der Herrlichkeit des Südens meinen Panzer des Widerstandes langsam aufweichte, bis ich mich – zu meiner größten Überraschung – selbst plötzlich als aufbruchswilliger Reisebegleiter anbot. Meine Frau nahm mich wohl mit, ließ aber nach unserer Rückkehr deutlich durchblicken, daß ich ruhig auch hätte daheim bleiben können. Auf meine staunenden Augen reagierend, wies sie auf meine ursprüngliche Ablehnung hin. Da ich mich nicht gleich mit überschäumender Freude freiwillig gemeldet hätte, sei meine nachträgliche reuige Umkehr wertlos. Dieser unangreifbar logischen Argumentationskette hatte ich leider nichts Akzeptables entgegenzusetzen.

Schon am nächsten Tag lag ich in meiner neuen Hängematte.

KULTUR

Anläßlich einer Grundsatzdiskussion über unsere noch verbliebenen Gemeinsamkeiten behauptete meine Frau, daß mein Interesse an sportlichen Ereignissen meiner primitiven Seele wohl festliche Stunden bereiten würde, ihr als Vertreterin gepflegter Hochkultur aber reine Entsetzensschauer über den Rücken fließen ließe. Ich hätte noch niemals auch nur eine Sekunde gezögert, kostbare Stunden meines kurzen Lebens zu vergeuden und offenen Maules ballspielenden Männern bei ihren grenzdebilen Revierkämpfen zuzusehen. Hingegen wäre sie bei unserer Reise nach Florenz vor Scham fast in den Boden versunken, als ich es abgelehnt hatte, mich in eine endlose Menschenschlange einzureihen, um die Uffizien zu durchschreiten.

Verzücktes Anstarren unzeitgemäßer Bilder bedeutet für mich nicht unbedingt ein höherwertiges Zeittotschlagen als das gespannte Betrachten eines faszinierenden, sportlichen Wettkampfes.

Abgesehen davon vertritt meine heimische Kulturexpertin die zumindest eigenwillige Ansicht, man könnte ruhig auf Rachmaninow, Schubert und Chopin verzichten. Diese würden nämlich primär enervierende Tonstücke hinterlassen haben. Mozart ginge gerade noch, wären doch dessen oberflächliche Melodien wenigstens als bedeutungslose Hintergrundmusik zu gebrauchen. Daß ich nur um ein Haar an einer glanzvollen pianistischen Karriere vorbeigeschlittert bin, rundet das Bild für den neutralen Beobachter noch ab.

Unterhaltung

Obwohl ich einem Klavier daher nicht nur dissonante Klänge zu entlocken imstande bin, kann ich nicht leugnen, daß meine tänzerische Begabung nicht nur völlig zu wünschen übrig läßt, sondern bereits ein Ausmaß erreicht, das mich zwingt, schon aus Rücksicht auf mögliche Partnerinnen solche Lustbarkeiten zu vermeiden.

Ursprünglich – wie die meisten Männer – von einer wahren Sucht nach tänzerischer Vervollkommnung gequält, machte ich einen wahren Leidensweg mit, bis mir endlich in einem fachärztlichen Attest eines Musikpsychiaters eine angeborene, massive Störung neuronaler Verbindungen im Stammhirn bescheinigt wurde. Danach sei für mich eine normale Koordination zwischen Musik und auszuführenden Schritten grundsätzlich unmöglich. Und das noch dazu Zeit meines ganzen Lebens!

Den Schock dieser niederschmetternden Diagnose konnte ich lange Zeit kaum verkraften.

Meine Tanzwut aber blieb ungebrochen. Grob fahrlässig ignorierte ich den Rat des Arztes, nie wieder einer Tanzfläche auch nur nahe zu kommen. Mitunter ließ ich mich sogar dazu hinreißen, auch als Tanzbehinderter musikalische Ergüsse in asynchrone Körperbewegungen umzusetzen.

Bei einer dieser Veranstaltungen kam es zu einem Eklat, wodurch mir der letzte Rest meines brüchigen Selbstvertrauens geraubt wurde. Eine Dame, die mich

42

selbst zum Tanzen animiert hatte, erklärte mir anschließend cool, sie hätte noch nie in ihrem Leben mit einem
derart schlechten Tänzer ihre Füße geschädigt. Leicht
verkrampft, aber tapfer lächelte ich nach dieser verbalen
Hinrichtung zwar immer noch, war innerlich aber so zerstört, daß ich mir schwor, komme was wolle, mich nie
wieder solch einer demütigenden Situation auszusetzen.

Von nun an weigerte ich mich beharrlich, jemals wieder Orte aufzusuchen, wo ich gefährdet gewesen wäre,
meine Koordinationsfähigkeiten unter Beweis stellen zu
müssen. Da ich aber von verschiedenster Seite immer
wieder unter Druck gesetzt wurde – teilweise sogar von
Leidensgenossen –, benötigte ich oft meine ganze Kraft,
um diesen Kampagnen Paroli bieten zu können.

Vor einigen Jahren wurde ein auch unter angeborener
Tanzschwäche leidender Bekannter von seiner unein-
sichtigen, hemmungslos egoistischen Frau mit mir unbekannten Mitteln dazu gezwungen (wahrscheinlich war er
in flagranti ertappt und anschließend erpreßt worden),
einen Tanzkurz für Ehepaare zu besuchen, obwohl er
zuvor diese Möglichkeit großspurig als undenkbar
bezeichnet hatte. Augenblicklich raste der Dominoeffekt
wie ein Taifun über zahlreiche gestandene, langerfah-
rene Ehemänner aus unserem Bekanntenkreis hinweg.
Alle meine angeblichen Freunde fielen reihenweise um
und heuchelten plötzlich intensivstes Interesse daran,
sich der Lächerlichkeit eines solchen Kurses auszusetzen.

Natürlich verweigerte ich mich beharrlich und wies
wiederholt auf meine fachärztlich attestierte Behinde-
rung hin, wurde aber von allen Seiten schwer bedrängt.
Als mir dann auch noch ein naher männlicher Verwand-

ter, dessen Eltern auch die meinen sind, meuchlings in den Rücken fiel, brach mein Widerstand zusammen, und ich kapitulierte. Nervlich am absoluten Ende, dämmerte ich dem Beginn der kommenden Quälerei entgegen. Nur ein glückliches Schicksal, dessen Einzelheiten ich vor Entsetzen verdrängt habe, bewahrte mich davor, kostbare Abende meines kurzen irdischen Daseins dem parkettierten Tanzboden zu opfern.

Meine gefinkelte Gefährtin nützte meine momentane Erleichterung sofort hemmungslos aus, indem sie mich zwang, ihr den ersparten Kursbeitrag bar auf die Hand zu zahlen. Ich hätte ihr auch das Doppelte bezahlt. Doch der Teufel schläft bekanntlich nie, und so muß ich jederzeit mit einer Wiederholung dieser dramatischen Ereignisse rechnen.

Mitten in einem besonders strengen Winter schien der Bruch meines Gelübdes, niemals mehr einer Frau taktlos auf ihre zarten Zehchen zu steigen, unvermeidlich. Schon Monate vor dem drohenden Ereignis, einem völlig unnötigen Maturaball, war ich von meiner Liebsten aufgefordert worden, meine Versagensängste einem Psychologen zur Aufbewahrung zu übergeben. Diesmal müßte sie eine Absage meinerseits als offenen Affront werten, was unser weiteres Zusammenleben in den Bereich der Unmöglichkeit verfrachten würde.

Derartig massivst unter Druck gesetzt und in die Enge getrieben, war ich gezwungen, mit einer sehr differenzierten Antwort aufzuwarten. Zwar wäre für mich, ehrlich gesprochen, ein Besuch dieser lächerlichen Tanzveranstaltung der wahre Horror; da sie aber ein unstillbares Verlangen nach meiner Begleitung hätte, könnte ich schon aus Liebe nicht anders als ihrem Wunsche zu genügen.

Ihrer aufkeimenden Begeisterung ob meiner unerwarteten Zustimmung wurde sogleich ein lauter Dämpfer versetzt. Ich verkündete meinen Entschluß, als Rhythmusunkundiger unter keinen Umständen auf der Tanzfläche zu erscheinen. Der Hinweis, daß ich - ein Dilettant unter vielen - dort ob des großen Platzmangels kaum auffallen würde, konnte mich keinesfalls beruhigen.

Als meine Frau - einer total veralteten Interpretation von Etikette verfallen - apodiktisch hinzufügte, ich hätte selbstverständlich mit all ihren Schülerinnen und überdies mit allen Damen am Lehrertisch meine schwächste zwischenmenschliche Disziplin in Angriff zu nehmen, hatte diese Drohung ein wahrhaft explosives Ausbrechen meiner Schweißdrüsen zur Folge. Nach einer nochmaligen Bekräftigung meiner unwiderruflichen Entscheidung, ungetanzt den Abend durchzusitzen, wurden unsere Verhandlungen ergebnislos vertagt.

Tage strömten ins Land, Konflikte kamen und gingen, während ich mich hütete, dem Thema näherzutreten. Die bewährte Methode des Totschweigens unliebsamer Ereignisse schien sich wieder einmal selbst übertroffen zu haben.

Eines herrlichen Tages erklärte mir meine vergnügungssüchtige Liebste unverhofft, wie sehr sie meine selbstlose Bereitschaft, mich für sie aus reiner Liebe öffentlich zu blamieren, zu schätzen wisse, dieses Opfer aber nicht annehmen könne und daher doch ohne meine beglückende Begleitung auszukommen gezwungen sei. Sie können mir glauben, liebe rhythmuslose Kollegen, daß sich in meinem angespannten Brustkorb sogleich die

Erleichterung einnistete, schien die leidige Angelegenheit doch endlich erledigt.

Umso erstaunter war ich, als meine hartnäckige Frau kurz vor dem drohenden Termin plötzlich von mir Auskunft erheischte, ob ich jetzt dem Ruf des Tanzbodens folgen wollte oder nicht. Obwohl mich diese Attacke völlig unvorbereitet traf, zeigte ich mich äußerlich weitgehend gelassen. Für mich sei die Sache eindeutig geklärt. Wie abgemacht würde ich es ihr ermöglichen, an diesem Abend von mir ungestört Avancen aus der Männerwelt entgegenzunehmen.

Nachdem meine Frau kommentarlos die Wohnung verlassen hatte, genoß ich es außerordentlich, endlich einmal den Sendeschluß des Fernsehens miterleben zu dürfen. Als mich die ungewohnte Einsamkeit bereits im Morgengrauen erwachen ließ, starrte mir der unberührte Polster meiner Liebsten regungslos entgegen. Da wurde mir mit einem Schlag klar, daß etwas Außergewöhnliches passiert sein mußte. Innerlich jeden Halt verlierend, durchwachte ich schier unermeßliche Zeiträume mit der Gewißheit, schmählichst hintergangen worden zu sein.

Kaum war das bekannte Geräusch der sich öffnenden Wohnungstür an meine in höchster Alarmbereitschaft lebenden Ohren gedrungen, stand meine Frau auch schon an meiner Liegestatt. Die Gute befand sich unübersehbar in einem geradezu euphorischen Gefühlsrausch und erzählte unaufgefordert von zahlreichen männlichen Potenzlingen, die ein eheliches Treueversprechen für eine anachronistische Lächerlichkeit halten, von ihr aber weitgehend abgewiesen worden wären. Meine unheilvollen Ahnungen ließen mich dennoch weiter in sie drängen, und so gestand sie mir, ein ausweg-

46

los verlockendes Angebot bekommen zu haben. Hätte sie sich – nach langem Zögern – schließlich nicht hingegeben, wäre ihrer Weiblichkeit ein irreversibler Schaden zugefügt worden.

Meine Körpertemperatur stieg abrupt in siedende kreislaufgefährdende Höhen, und die Wände schienen übereinander herzufallen. Alles begann sich zu drehen und umkreiselte meine der Fassung entflohenen Gedanken. Während mich meine Frau mit dem Hinweis trösten wollte, daß dieser Mann doch ein gemeinsamer Freund von uns sei und dessen Namen erwähnte, verlor ich das Bewußtsein. Nachdem ich die Ohnmacht überwunden hatte und meine treulose Gefährtin machtvoll zur Rede stellen wollte, behauptete sie überzeugend, daß ich das alles nur geträumt hätte.

Am nächsten Tag trat ich einem Tanzsportclub bei.

Sport

Da ein gewisses Ausmaß an gleichen Interessen bekanntlich ein essentieller Bestandteil jeder funktionierenden Ehe ist, erfreuen sich viele Liebende an einem gemeinsamen sportlichen Hobby. Handelt es sich dabei um das beliebte Tennisspiel, findet man aus unerklärlichen Gründen auffallend häufig solche Paare, bei denen der weibliche Teil in seinem Bewegungsablauf bisweilen Quantensprünge hinter dem männlichen Vertreter herschleicht.

Zur Schande meines Geschlechts muß ich zugeben, daß nicht wenige Eheunmänner diesen im Grunde genommen bedeutungslosen Unterschied in der sportlichen Fertigkeit an die große Glocke hängen und nur äußerst ungern mit der einst Allerliebsten ein Spielchen wagen. Manche besonders primitiven Zeitgenossen scheuen sich auch nicht, durch überdeutliches Demonstrieren ihrer Unlust ein beschämendes Schauspiel ihrer Unbeherrschtheit zu bieten.

Ich aber habe meine gute Erziehung nicht vergessen und akzeptiere meine Frau selbstverständlich regelmäßig als Spielpartnerin, obwohl auch ihre Technik noch ausbaufähig ist. Daß ich ob meiner ehelichen Spielfreude von egoistischen männlichen Klubkollegen häufig verhöhnt werde, nehme ich gern in Kauf. Dennoch kann ich manchmal ein gewisses Bedürfnis nach einem Wettkampf mit einem gleichgeschlechtlichen Partner nicht ganz verleugnen.

Als meine Frau während eines Spieles nach einem Blick in mein konzentriertes Gesicht bei mir plötzlich Freudlosigkeit zu bemerken schien und nach einer Erklärung heischte, beging ich einen folgenschweren Fehler. Ich versuchte ihr zu erklären, daß mich das Spiel mit einem Mann wohl mehr fordern würde, ich mich aber für sie entschieden hätte, da nach Kant immer die Pflicht über die Neigung siegen müsse. Meinem schweren inneren Kampf konnte sie nichts Positives abgewinnen und verließ augenblicklich den Platz. Es kostete mich viel Überzeugungskraft, bis ich wieder mit meiner Frau spielen durfte.

Wollen Sie sich, liebe männliche Filzkugeljäger, diese schmerzhaften Erfahrungen ersparen, rate ich Ihnen, folgende Hinweise zu beachten:

Denken Sie am besten an jene Zeiten am Anfang Ihrer Beziehung, als Sie jeden gelungenen Schlag Ihrer Liebsten lautstark bejubelten.

Geben Sie ihr niemals das Gefühl, das Spiel könnte für Sie nicht der Quell reinster Freude oder gar ein Zwang sein.

Krönt Ihre Partnerin ihre aufregende Erscheinung gern mit einer modischen Sonnenbrille, will sie wohl auch den Rest ihrer empfindlichen Gesichtshaut der direkten Bestrahlung entziehen. Wählen Sie daher unaufgefordert die sonnige Platzhälfte, auch wenn Sie dabei nahezu erblinden.

Spielen Sie bei jedem Ihrer Schläge Ihr gesamtes Einfühlungsvermögen aus, plazieren Sie den Ball aber keinesfalls in eine Ecke, in der Ihre liebe Frau nicht gerade steht.

Bemühen Sie sich, den Ball möglichst exakt auf jenen Punkt zu setzen, dessen Koordinaten Ihre Partnerin zuvor festgelegt hat. Gelingt der Guten dennoch kein Rückschlag, entschuldigen Sie sich wortreich und versprechen Sie, beim nächsten Mal genauer zu zielen.

Vermeiden Sie vor allem jede Besserwisserei. Halten Sie daher unnötige Bemerkungen über Kniesteife, überlange Reaktionszeiten oder verkrampfte Körperhaltungen zurück.

Und wenn es Sie noch so juckt: Unterlassen Sie unbedingt jeden ernstgemeinten Versuch, Ihr Gegenüber zum Laufen zu animieren, will Ihre Süße doch spielen und nicht laufen.

Das überläßt sie lieber Ihnen.

Ehefrauen hassen nämlich stationäre Gatten, die das Spiel nicht ernst genug nehmen und demonstrativ unlustig über den Platz schleichen. Tragen Sie daher immer ein nasses Leibchen mit sich, um es am Ende triumphierend vorzuzeigen.

Blicken Sie niemals auf die Uhr. Es könnte bei Ihrer Partnerin den Eindruck erwecken, Sie hofften auf ein baldiges Ende. Achten Sie vielmehr unauffällig auf die Glocke einer nahen Kirche.

Zeigen Sie zur vollen Stunde keinesfalls Signale der Erleichterung. Erwähnen Sie strahlend, daß die Zeit wie im Fluge vergangen sei.

Loben Sie Ihre Liebste für die exzellente Beinarbeit und teilen Sie ihr bedauernd mit, sie müsse sich ab jetzt einen besseren Trainer suchen, Sie könnten ihr jedenfalls nichts mehr beibringen.

Da es trotz bester Vorsätze Ihrerseits dennoch zu gewissen Auffassungsunterschieden über die optimale Ballbehandlung kommen kann, sollten Sie, um sich den Verlust vieler Sympathien zu ersparen, Ihre liebevoll geführten Diskussionen nicht unbedingt direkt vor den Augen Ihrer Klubkollegen austragen.

Der Mann und seine Wehwehchen

Meine Frau liebt prinzipiell weder Krankheiten noch Kranke, ob bei sich oder bei anderen. Körperliche Irritationen hält sie für eine unverschämte Laune der Natur, womit sie absolut nichts zu tun haben möchte. Sie würde es sogar schaffen, das AIDS-Virus durch ihre unbeugsame Haltung der ständigen Mißachtung zu zerstören. Mit meinen typischen Männerleiden kann ich daher bei meiner Frau nicht gerade allzuviel Aufmerksamkeit erreichen.

Dennoch gilt meine große Liebe nach wie vor der Hypochondrie samt ihren vielfältigen Erscheinungsfor-

50

men. Komme ich doch aus einer vielköpfigen Familie, in der Verletzungen, leichte bis mittlere Unpäßlichkeiten und gewöhnliche Krankheiten des Körpers einander nahtlos abwechselten, sodaß meine Mutter ohne fachgerechte Ausbildung einen Querschnitt der allgemeinen Pathologie des Menschen erleben durfte und ihre Pflegefähigkeiten professionelle Ausmaße erreichten.

Dies wußte besonders mein großer Vater zu schätzen, dessen liebstes Hobby es war, an sich selbst das Eindringen von Viren, Bakterien und anderen Krankheitserregern sorgfältig zu beobachten. Um über das subjektive Erleben der auf diese Infektionen meist folgenden Unlustgefühle eine möglichst objektive, exakte Auskunft geben zu können, war mein Vater schon in relativ frühen Stadien der erwarteten Attacken verschiedenster Erreger gezwungen, seine zweckdienlich ausgebaute Liegestatt aufzusuchen.

Von diesem, seinem liebsten Arbeitsmöbel aus, dirigierte er den Rest der Familie, vor allem aber seine willfährige Frau. Da das elterliche Schlafzimmer strategisch günstig neben dem Wohnungseingang liegt, konnte mein Vater aus dieser Position leicht den Überblick behalten. Es war für ihn ein Kinderspiel, jeden Vorbeikommenden regelmäßig über seine neuesten Entdeckungen in der Gesundheitsprophylaxe zu informieren.

Hatte mein in dieser Richtung weltweit konkurrenzloser Vater zum Beispiel ein überraschendes, völlig unerklärliches leichtes, aber doch unüberspürbares Ziehen oberhalb des Sehnenansatzes des linken Kniegelenkes registriert, ließ er an dieser bedeutenden Entdeckung durch unüberhörbare, baritongefärbte, aufgeregte Rufe sofort meine ständig hörbereite Mutter teilhaben. Diese war sich meist der Größe dieser Augenblicke bewußt und verließ qualmende Kochtöpfe und hungernde Kinder, um auf schnellstem Weg zu ihrem Forscher zu eilen, der sie in kurzen, wohlformulierten Sätzen von den nötigen erregerbekämpfenden Sofortmaßnahmen in Kenntnis setzte.

Von solch professionellen Kampagnen meines Vaters war ich zutiefst beeindruckt und träumte häufig davon, als Erwachsener auch einmal alle möglichen Erscheinungsweisen körperlicher Irritationen aus dem Bett heraus studieren und erforschen zu können.

Als ich meine Frau heiratete, wußte ich zu meinem Unglück gar nichts von ihrer speziellen Abneigung gegen alles Kränkliche an sich. In der damaligen Verwirrung der Gefühle mangelte es den Synapsen meiner Ganglien offensichtlich an der nötigen Überträgersubstanz, sodaß ich den unverzeihlichen Fehler beging, meine Liebste nicht genauestens über ihre Einstellung zu leidenden Männern zu befragen.

Liebe ungebundene männliche Leser! Sollten Sie Wert auf liebevolle Betreuung in sicher kommenden Zeiten Ihrer Kränklichkeit legen, suchen Sie Ihre Partnerin nach deren Mitleidsfähigkeit und Pflegelust aus. Eine sorgfältige Wahl könnte nämlich Ihr Leben entscheidend verlängern. Für mich kommt diese Erkenntnis leider zu spät. Meine Frau verbietet mir nicht nur jedes Kranksein, sondern vermag sich auch noch grenzenlos über die fortschreitenden Zerstörungen meines empfindlichen Körpers zu erheitern.

Bei einem gemeinsamen Spaziergang gelang es mir, auf einer heimtückischen Eisplatte unvermutet abzuheben und die Abdrücke meines edlen Riechorgans in den gehärteten Boden einzugravieren. Obwohl meine zuvor noch klassisch geformte Nase irreversibel deformiert wurde, brach meine gefühllose Begleiterin abrupt in schallendes Gelächter aus, das nie und nimmer mehr abebben wollte und in meinen Ohren gar grausig widerhallte. Wenn auch eine aufgeschlagene Nase nicht unbedingt lebensbedrohlich sein muß, ist dennoch nicht zu bestreiten, daß nicht rechtzeitig diagnostizierte Blutvergiftungen auch heute noch überaus gefährlich sein können.

Da diese Geschichte leider kein Einzelfall ist, erfuhren meine, zumindest für jeden Mann, verständlichen Bedürfnisse nach mütterlicher Zuwendung und Trost kaum jemals die nötige Befriedigung.

Als ich einmal beruflich sehr viel Ärger in mich hineinfressen mußte, entwickelte meine überforderte Seele zum Spannungsabbau Herzzwischenschläge und gravierende Durchblutungsstörungen an meinen empfindsamen Gliedmaßen. Im Bewußtsein erblicher Anlagen zum Herzinfarkt war ich daher massiv beunruhigt und gezwungen, verstärkt in meinen mißhandelten Körper hineinzuhorchen. Über die Ergebnisse meiner Recherchen hielt ich meine Frau ständig auf dem laufenden, sollte sie doch nicht gänzlich unvorbereitet in den Witwenstand versetzt werden. Während mich persönlich mein plötzliches Ableben keinesfalls überraschen würde, rechnet meine realitätsferne Frau nicht wirklich mit einem lebensbedrohenden Zustand meiner physischen Existenz, solange ich nicht direkt an der Schwelle zur Unterwelt stehe. Obwohl das EKG angeblich keine bemerkenswerten Schädigungen meiner beleidigten

Herzkranzgefäße aufzeigte, konnte mich das nicht beruhigen. Verschweigen Ärzte doch oft die Wahrheit, um den Patienten zu schonen.

Überdies bestehen zwischen unserem Hausarzt und meiner Frau auch private Beziehungen. Beide könnten daher ein gemeinsames Interesse haben, mir Entscheidendes zu verheimlichen. Sie werden daher verstehen, liebe männliche Leser, daß ich überaus wachsam bin. Auch wenn es mir oft wirklich nicht gerade gut geht, bin ich zum Glück für meine nähere Umgebung ein überaus tapferer Kerl, der nichts mehr haßt, als zu jammern und zu klagen, oder gar seine krankheitsallergische Frau zu belästigen.

Daß ich seit über einem Jahrzehnt irreparable Schäden am Bewegungs- und Stützapparat meines Körpers aufweise und nahezu jede Woche einen Arzt aufsuchen muß, um überhaupt kurze, lebenswerte Augenblicke ergattern zu können, erwähne ich schon gar nicht mehr. Meine Frau aber findet es nicht einmal ungewöhnlich, wenn ich als Mann in den sogenannten besten Jahren ein Wrack um seinen Zustand beneide.

Und so leide ich im stillen vor mich hin und träume von meiner Mutter, die meinen Vater wenigstens in dieser Hinsicht ernst nahm. Da seine Leiden auch ihre Leiden waren, benötigte sie selbst keinerlei körperliche Verstimmungen mehr und konnte ihr ganzes Streben und Trachten der Überwachung der labilen Gesundheit ihres Mannes widmen.

Zwar bin ich, wie erwähnt, einiges an Unbilden gewöhnt, doch war das vergangene Jahr, in dem ich mein viertes Lebensjahrzehnt hinter mich brachte, eine besondere Prüfung meiner ausgeprägten, uns Männern vorbehaltenen Leidensfähigkeit. Schon länger hatte mich mein linkes Knie durch schmerzhafte Attacken auf schlechte Zeiten vorbereitet, ich diese Anzeichen aber mannhaft übersehen und bagatellisiert.

Eines Tages mußte ich nicht nur jede sportliche Tätigkeit ersatzlos einstellen, sondern auch eine eklatante Einschränkung der ganz ordinären Gehfähigkeit hinnehmen. Wohl schleppte ich meinen geschwächten Körper mühseligst von Arzt zu Arzt, doch keiner konnte mir helfen. Ist man wirklich krank, sind die meisten Quacksalber bekanntlich mit ihrem Latein bald am Ende, und so blieb ich mit meinen Problemen ganz allein.

Wenn ich meiner Frau ächzend und stöhnend, zwischendurch auch überraschend aufschreiend, immer wieder, sogar mehrmals am Tag, Mitteilung über meinen jammernswerten Zustand machte, schien diese Botschaft bei ihr überhaupt nicht anzukommen. Keine Spur von Mitleid oder wenigstens ein ganz klein wenig Interesse von ihrer Seite. Ab und zu erkundigte sie sich wohl nach meinem Ergehen, aber das klang so ostentativ gezwungen und pro forma, daß mich dieses scheinbare Mitgefühl noch tiefer in meine depressiven Stimmungen jagte.

Einen der schwärzesten Augenblicke meiner langjährigen Ehe erlebte ich eines Tages mitten im schönsten Sommer, als die Funktionsfähigkeit unseres Kühlschranks schwer eingeschränkt schien, und dies meine Frau stärker zu beschäftigen schien als meine Leiden. Ich erlaubte mir, ganz zart und mit der nötigen Vorsicht lediglich indirekt darauf hinzuweisen, daß auch ein neues Kühlaggregat die Probleme meines Kniegelenkes nicht lösen können würde.

Kaum hatte ich diese Stellungnahme veröffentlicht, konnte ich direkt aus nächster Nähe beobachten, wie sich meine Frau aus ihrer Haut löste. Emotional hochgradig erregt gab sie mir mehr als deutlich zu verstehen, sie hätte jetzt endgültig genug von meinen pausenlosen Jammereien! Überdies hätte sie persönlich nichts zum bedauernswerten Zustand meines ruinierten Körperteils beigetragen, vor allem aber wolle sie nie wieder etwas davon hören.

Dieser vulkanöse Ausbruch brachte mir wenigstens die lang ersehnte Gewißheit, daß meine Frau mir in den vergangenen Wochen und Tagen doch zugehört hatte, als ich stündliche Bulletins über mein Befinden herausgab. Das verschaffte mir die nötige Kraft und die Stärke, in den nächsten Wochen auf jedwede Form einer Schmerzenskundgebung zu verzichten.

Eines Tages aber entschloß ich mich zum Äußersten, um wenigstens einmal die ungeteilte Aufmerksamkeit meiner Frau zu erringen. Ich scheute nicht einmal davor zurück, mich einem dieser akademisch geschulten Berufsschnitzler auszuliefern, und ließ mich operieren. Kaum lag ich durch die ärztlichen Machinationen beschädigt, weitgehend bewegungsunfähig im desillusionierenden Klinikbett, war meine Lebensgefährtin plötzlich geradezu rührend um mich bemüht. Endlich hatte ich es geschafft! Obwohl selbst feministisch durchzogen, brachte sie mir sogar Zeitschriften mit, in denen ihre Geschlechtsgenossinnen als reine Sexualobjekte abgebildet sind. Ich fühlte mich wie in den Flitterwochen und läge am liebsten noch heute im Spital. Jetzt wußte ich auch, wie weit ich gehen mußte, um den Mutterinstinkt meiner Liebsten zu wecken.

Leider verschlechterte sich meine Lage nach meiner Heimkehr ziemlich rasch.

Gezwungen, einige Wochen nahezu bewegungslos in unserer gemeinsamen Wohnung herumzuliegen, war es mit der fraulichen Betreuung auch schon wieder vorbei. Vielmehr machte mir meine Lebensgefährtin deutlich klar, in welch engen Grenzen sich ihre Freude über meine ununterbrochene Anwesenheit halte. Dieser menschenverachtenden Zermürbungstaktik bei weitem nicht gewachsen, flehte ich meinen Arzt geradezu an, mir auf eigene Gefahr vorzeitig Arbeitsfähigkeit zu bescheinigen. Daß ich dabei meine überaus labile Gesundheit einer fast allzu großen Belastungsprobe aussetzte, war mir klar, doch hatte ich keine andere Wahl.

Damit nicht genug, machte mich meine Liebste darauf aufmerksam, daß sie mich in hoffentlich noch fernen Zeiten des dauernden Ruhestandes keinesfalls täglich in der gleichen Wohnung ertragen werde können und von mir daher den sofortigen Ankauf einer zweiten Wohnung verlange. Hilflos in den Seilen hängend, schloß ich kurz darauf einen Bausparvertrag ab.

Was hätten Sie an meiner Stelle getan?

Die Ehe und andere Zwänge

Wie alles begann

Wie die meisten jungen Männer hatte auch ich einmal geglaubt, alles Glück dieser Erde in den Armen einer Frau zu finden. Obwohl viele Jugendliche naturgemäß häufig als zwischenmenschliche Solisten leben, war ich davon überzeugt, der einzige Single zu sein. Und so setzte ich Himmel und Hölle in Bewegung, um diesem unerfreulichen Zustand ein Ende zu bereiten.

Als ich acht Jahre zählte, bestimmte mich eine Nachbarin zu ihrem Freund. Schon damals machte es mir nichts aus, wenn Frauen die Initiative ergriffen. Da mich meine Freundin bei unseren Treffen regelmäßig in eine Konditorei einlud, wurde mein großes Bedürfnis nach Süßem vollauf befriedigt. Zu meinem Bedauern verließ sie mich eines Tages völlig unerwartet und verzog an eine unbekannte Adresse. Da stand ich nun und war plötzlich allein. Meine Verzweiflung war grenzenlos.

Psychologen betonen immer wieder, daß sich die ersten Erfahrungen auf das spätere Liebesleben entscheidend auswirken können. Aus leidvoller Erfahrung kann ich das nur bestätigen. Auch in den nächsten Jahren, ja Jahrzehnten, wurde ich von nahezu all jenen Frauen verlassen, die ich liebte, während ich mich kaum von einer trennen konnte. Meine Sehnsucht nach einer weiblichen Ergänzung überwand sogar die Grenzen meines Vaterlandes. Weil mir meine französische Freundin ab und zu auf einen meiner zahlreichen Briefe antwortete, glaubte ich mich schon am Ziel. Charmanterweise schickte sie mir eines Tages ohne Vorwarnung ihre Vermählungsanzeige. Sie hatte mich offensichtlich nur dazu benutzt, um besser Deutsch zu lernen.

Nachdem ich meine schweren juvenilen Depressionen endlich überwunden hatte, richtete ich meine nächsten Hoffnungen auf den Beginn des Tanzkurses. Ich war fest davon überzeugt, daß es diesmal klappen würde. Am Tanzen selbst war ich nicht sehr interessiert, doch welcher Mann ist das schon? Aber es war endlich eine Gelegenheit, den Mädchen legitim auf den Pelz zu rücken, auch wenn es etwas kostete. Mit einem fixen Plan ausgestattet, ging ich strategisch geschickt vor, indem ich ganz gezielt nach einem Opfer suchte. Am Ende meiner aufwendigen Werbekampagnen wartete ich geduldig auf den Erfolg meiner Bemühungen.

Aus mir bis heute unerfindlichen Gründen kamen leider immer andere Knaben zum Zug. Ich mußte etwas an mir haben, das besonders abstoßend war. Obwohl bereits über sechzehn, war ich immer noch solo, und meine Sorgen wuchsen ins Unermeßliche. Seit diesen eklatanten Mißerfolgen hasse ich das Tanzen aus ganzem Herzen. Diese musikalisch animierte Tempelhüpferei machte ich nur so lange mit, bis ich endlich verheiratet war, anschließend stellte ich diese unnütze Tätigkeit sofort ersatzlos ein.

Was ich damals auch tat, es war falsch. Dabei war ich immer sorgfältig gekleidet, jedes Haar in der richtigen Richtung; ich kam aus einer ordentlichen Familie und verehrte Töchter aus bürgerlichem Hause. Diese fanden mich wohl alle nett, sahen in mir auch den Kumpel, sogar den Freund, aber keinen, in den sie sich hätten verlieben können. Mich konnten sie nur brauchen, wenn ihnen gerade langweilig war oder sie einen willfährigen Idioten zur Unterhaltung, zum Ausgehen oder gar zum Ausweinen benötigten. Ich war höflich, bescheiden und zurückhaltend. Alles Tugenden, die mir meine Eltern konsequent beigebracht hatten, im harten Kampf um die Gunst der Frauen aber kaum zu brauchen. Während meine besser ausgebildeten Konkurrenten ihre Beute triumphierend nach Hause schleppten, oft noch dazu das Objekt meiner Begierde, blieb ich regelmäßig auf der Strecke.

Hatte ich endlich einmal das Glück, von einem Mädchen nicht nur als netter Kerl wahrgenommen zu werden, zerstörte ich mir selbst alle Chancen, wobei unter anderem eine Beziehung an meinem Rechtschreibfimmel scheiterte. So tauschte ich mit meiner Freundin aufgrund von Ortsdifferenzen in Ermangelung eines näheren Kontaktes Liebesbriefe. Die schriftlichen Beweise ihrer Zuneigung erregten vor allem meine Lust am Korrigieren. Nachdem ich ihre Liebeserklärungen orthografisch richtiggestellt hatte, schickte ich diese wieder zurück, ohne mit aufmunternden Begleitschreiben zu sparen.

Wie jeder leicht nachvollziehen kann, traf es mich dann aus heiterem Himmel, als sie mir, bösartigerweise nur mit wenigen Fehlern geschmückt, mitteilte, daß sie diese meine Form der liebevollen Nachhilfe auf dem zweiten Bildungsweg nicht in jenem Ausmaß goutierte, wie ich es in meiner pädagogischen Güte schon damals im Sinne hatte.

Dennoch blieb ich ein Freund der geschriebenen Zuneigung. Literarisch waren meine verbalen Ergüsse – zu anderen kam ich leider kaum – einfach Spitze. Abgerundete, lange Sätze, mit vielen Eigenschaftswörtern, Bindewörtern, Ausrufungszeichen und Nebensätzen. Irgend etwas Entscheidendes muß aber immer gefehlt haben, bekam ich doch nur selten die erwünschte Antwort. Bei den Müttern meiner Schwärmobjekte konnte ich hingegen immer große Erfolge feiern. Diese waren anscheinend reif genug, um meinen hohen Wert als werdender Mann zu erkennen.

Einmal allerdings schien auch ich endlich Erfolg zu haben. Von Anfang an lief alles genauso, wie ich es mir vorgestellt hatte. Meine Auserwählte gab sich gleich beim Kennenlernen ungemein progressiv, locker und anschmiegsam. Bald aber fand ich etliches an ihr zu kritisieren, als ob wir verheiratet gewesen wären, und versuchte, ihre Verhaltensweisen meinen Vorstellungen anzupassen. Sie bemühte sich wirklich sehr, mir um jeden Preis zu gefallen, und tat – fast alles –, was immer ich wollte. Eine Freundin, die willenlos meinen Ideen folgte, solange es um die Auswahl eines Films ging, bei wirklich wichtigen Dingen aber eine übertriebene Zurückhaltung an den Tag legte, entsprach aber nicht meinen Vorstellungen einer erregenden Partnerschaft.

Meine Sehnsucht nach einer weiblichen Ergänzung blieb daher weiterhin unerfüllt.

Dabei bin ich persönlich keiner jener unsympathischen Männer, die von Frauen im Grunde ihres Herzens nichts halten, habe ich doch seit meiner Geburt mehr oder minder enge Beziehungen zu ihnen.

Meine Mutter hatte neben mir zwar noch vier andere Kinder und einen Mann zu betreuen, aber ich schaffte es von Anfang an, mich durch das frühkindliche Leben zu kränkeln und mir so die nötige Zuwendung zu holen.

Nach einem dramatischen Spitalsaufenthalt mit angeblicher Lebensbedrohung gelang es mir sogar, meine Mutter zu einer Symbiose zu zwingen, von der sie sich bis heute nicht ganz erholen konnte.

Im Kampf um ihre Gunst verdrängte ich nicht nur locker meine kindlichen Mitbewerber, sondern schaffte es auch spielend, meinen Vater weitgehend aus ihrem Bett zu drängen, indem ich mich auf die allen bekannte „Besucherritze" zwischen meinen Eltern versteifte. Jahrelang lag ich mit meiner Mutter fast jede Nacht engumschlungen im Ehebett und träumte davon, mit ihr auf und davon zu gehen. Leider gab sie meinem drängenden Begehren nicht nach. Rettungslos dem Ödipuskomplex verfallen, konnte ich mich aber wenigstens so beherrschen, daß ich meinen Vater leben ließ. Tiefenpsychologisch unbedarft hatte der gute Mann keine Ahnung, wie knapp er mit dem Leben davongekommen war.

Vermutlich erwarb sich meine arme Mutter damals ein großes Schlafdefizit. Zu fest hatte ich sie und ihr Flanellnachthemd von hinten im Griff. Seit dieser Zeit bin ich übrigens geradezu süchtig nach diesem Stoff.

Niemals mehr erreichte ich mit irgendeiner anderen Frau jenes Ausmaß an Intimität. Die kindlichen Finger in den Stoffalten ihres Rockes verkrallt, begleitete ich meine geliebte Mutter auf all ihren Wegen und verzehrte mich selbst auf jener Örtlichkeit nach ihr, deren Bereich auch in kleinsten Behausungen als unantastbare Schutzzone gilt.

Als es mir nach zahllosen vergeblichen Anläufen endlich gelungen war, mich aus der heftigen mütterlichen Umklammerung zu befreien, hatte ich gehofft, mich übergangslos in die ausgebreiteten Arme einer ähnlichen

63

Traumfrau werfen zu können. Obwohl mir natürlich klar war, daß diese meine gute Mutter niemals auch nur annähernd ersetzen können würde, suchte ich trotz meiner ununterbrochenen Serie von Enttäuschungen weiterhin intensiv nach einer willigen Frau, in deren jugendlicher Hülle alle gewohnten Mutterfunktionen vereinigt sein würden.

Endlich am Ziel

Meiner derzeitigen Ehefrau bin ich insgeheim täglich dankbar dafür, mich zu ihrem Gefährten auserwählt zu haben, ohne mir oder ihr gegenüber das jemals zugeben zu können. Gab es nämlich für sie noch einige andere Bewerber, hatte ich mich bis dahin noch nie gegen einen Konkurrenten erfolgreich durchgesetzt.

Diesmal aber schlug sich das Glück auf meine Seite, traf ich doch meine Liebste in einem für mich günstigen Zeitpunkt mitten im Frühling. Nachdem sie ihren langjährigen ständigen Begleiter kurz zuvor in die Wüste geschickt hatte, genoß sie bester Laune ihre wiedergewonnene Freiheit.

Ich aber hatte zu diesem Zeitpunkt bereits jede Hoffnung aufgegeben, einer Frau noch jemals nahe genug zu kommen, um mich an ihr Flanellnachthemd klammern zu dürfen.

Diese Resignation bedeutete meine Rettung. Da meine neue Bekannte endlich Ruhe vor männlichen Nachstellungen wollte, und ich mich aus Angst vor einer weiteren Ablehnung weitgehend zurückhielt, entschloß sie sich eines Tages aus Mitleid, mich armen singulären Wurm unter ihre Fittiche zu nehmen.

Meine Freude war natürlich grenzenlos, und ich fiel in einen dämmrigen Zustand der Unzurechnungsfähigkeit. Dadurch bestand ich auch den härtesten Ehetauglichkeitstest meiner zukünftigen Gefährtin, die mir eines Tages so nebenbei erzählte, sie habe bereits einen dreijährigen Knaben an ihrer Seite. Ob meiner psychischen Benommenheit registrierte ich diese ungeheuerliche Verschlechterung meiner Ausgangsposition nicht einmal ansatzweise und übermittelte meiner Liebsten anscheinend deutlich genug, sie auch mit sieben Nachkommen ihrerseits mit Handkuß entgegennehmen zu wollen. In meiner heutigen Abgeklärtheit hätte solch ein zugemuteter Familienzuwachs nicht einmal die Chance, Gegenstand ernsthafter Überlegungen zu werden. Erst Tage später teilte mir meine listige Testerin mit, daß sie zumindest in bezug auf ihre Gebärfähigkeit ohne jede Erfahrung sei. Wie jeder normale Mann hätte auch ich meinen Eltern lieber ein rundherum unberührtes Mädchen vorgestellt, obwohl ich in meiner Not keine besonders hohen Ansprüche stellen durfte.

Wirklich ernst wird eine Beziehung anscheinend erst dann, wenn man mit dem Kennenlernen der Familie bedroht wird. Meine Freundin lehnte es nämlich die längste Zeit strikte ab, meinen Eltern vorgeführt zu werden. Eines Tages aber hatte ich sie weichgeklopft und bis zu unserem Haus geschleppt. Der erste Kontakt wäre beinahe auch der letzte gewesen.

Kaum hatte mich meine Mutter mit einem ihr noch unbekannten Mädchen vor der Schwelle stehend erblickt, ergriff sie in ihrer praktischen, zupackenden Art meine Liebste am Arm und wollte sie freundlich plaudernd mit den saisonalen Höhepunkten ihrer Gartenanlage bekannt machen. Meine extrem freiheitsliebende Freundin entwickelte urplötzlich eine Körperstarre, äußerte kurze, aber heftige Kritik an dieser Vergewaltigung, riß sich ruckartig los und stürzte davon. Nachdem ich sie nach langem Suchen und Rufen wieder eingefangen hatte, war sie unansprechbar. Nie wieder würde sie auch nur die Nähe meiner engsten Verwandten ertragen, jedwede intimere Beziehung zwischen ihr und mir sei ab nun in Frage gestellt.

Klarerweise fraß diese Drohung an meiner innersten Substanz. Es kostete mich Unmengen an Geschenken, Bittprozeduren und Versprechungen aller Art, bis sich meine Freundin unter zahlreichen Vorbehalten bereit erklärte, meinen Eltern noch eine Chance zu geben, sie kennenzulernen. Als es endlich so weit war, raste mein Herz vor Angst, einen neuerlichen Eklat und damit das Ende meiner vielversprechenden Liaison zu erleben. Zu meiner großen Erleichterung kam es zu keinen weiteren Übergriffen meiner so kontaktfreudigen Mutter, hatte sie doch auch aufgrund einer entsprechenden Präparierung durch mich endlich ihre Grenzen erkannt.

Meine Lebensgefährtin aber behandelt sie seit damals wie ein rohes Ei.

Obwohl ich wesentlich besser erzogen und darob viel anpassungsfähiger bin, begann auch meine Laufbahn als Schwiegersohnaspirant mit Hindernissen. Da meine Frau in einem anderen Bundesland ihre ersten Windeln beschmutzt hatte, mußte ich in Ermangelung eines eigenen fahrbaren Untersatzes die Hilfe der Eisenbahn in Anspruch nehmen, um zum ersten Vorstellungsgespräch bei ihren Eltern anzutanzen. Freilich war mir bewußt, daß diese einem ernsthaften Verehrer ihrer

Tochter mit der natürlichen Skepsis von Landbewoh-
nern gegenüberstehen würden, womit meine Bahnfahrt
keineswegs so nervensparend verlief wie erwünscht.
Dennoch betrat ich die Heimstätte meiner Freundin
auch mit der berechtigten Hoffnung, als willkommener
Heiratskandidat empfangen zu werden, hatte ich doch
kurz zuvor den begehrten Doktorhut erworben.

Nachdem ich mit prüfenden Blicken von oben bis
unten beäugt worden war, hielt sich die Begeisterung
meiner Gastgeber merkbar in Grenzen. Ihre Tochter
hatte die höheren Studien zur Ehre der Eltern schließlich
noch nicht vollendet, und so kam ich in den Genuß, als
potentieller Verhinderer des Gewinnes eines akademischen Titels, dessen sich die ganze Verwandtschaft
rühmen könnte, abgestempelt zu werden.

Liebend gerne reiste ich nach Ende der Prüfungswo-
che wieder ab, um erst am Tag der unerwünschten Ver-
ehelichung zurückzukehren. Wie ich später erfahren
konnte, war der Vater meiner Braut schwer verstimmt
gewesen, hätte ich es doch verabsäumt, ihn formell um
die Hand seiner Tochter zu bitten.

Was mir damals als anachronistische, ja schon kühne
Forderung erschienen war, sehe ich heute als Besitzer
zweier Töchter natürlich mit anderen Augen. Schon seit
längerer Zeit arbeite ich deswegen an verschiedenen
Strategien, um künftige Anwärter auf den Titel eines
Schwiegersohnes von unserem Heim fernzuhalten.

Möge die Übung gelingen.

Warum wir heiraten

Viele Märchen enden nach allerlei Schwierigkeiten mit einer großen Hochzeit und einem bis an sein Ende glücklich lebenden Paar. Über den genauen Verlauf der Ehe selbst wird allerdings der Mantel des Schweigens gebreitet, sollten doch niemandem seine Illusionen geraubt werden. Kaum jemand würde nämlich noch heiraten, wäre allen von Anfang an bekannt, welchen Belastungsproben eine Partnerschaft ausgesetzt sein würde. Solch eine Menge an geballtem Unglück könnte wohl kein normaler Mensch ertragen; aber scheibchenweise verabreicht kommen wenigstens einige damit zurecht.

Den meisten heiratswütigen Pärchen passiert dieses Vergehen gegen ihre eigenen Interessen im Zustand der Verliebtheit, einer allgemein bekannten, heftigen Gemütsbewegung. Jedes Gericht würde bei den handelnden Personen Unzurechnungsfähigkeit feststellen und anschließend die Einweisung in eine geschlossene Anstalt verfügen. Hat sich der Nebel der Verblendung endlich gelichtet, lassen es daher die wenigsten Getäuschten auf eine Klage ankommen.

Da die Eltern aller paarungswilligen Kandidaten nur allzu gut wissen, wie es nach der Anfangseuphorie weitergeht, wollen sie ihre Kinder vor diesen deprimierenden Erfahrungen schützen. Die unbelehrbaren Grünlinge aber vermuten hinter dem wirklich einmal gutgemeinten Rat, sich die Sache gründlich zu überlegen, eine Finte ihrer Erzeuger, deren Warnungen daher unbeachtet bleiben. Viele der jugendlichen Nestflüchtlinge drängeln nämlich vor allem deswegen zur vermeintlichen

Freiheit, um endlich der Abhängigkeit ihrer Eltern zu entkommen.

Einige besonders risikofreudige Selbstschädlinge schrecken nicht einmal davor zurück, ihre Ehe gleich mit einem Kind zu beginnen, um vollendete Tatsachen zu schaffen. Meist hat es nun das junge Paar, endlich zu einer richtigen Familie geworden, geschafft. Daß damit aber gerade jene Ruhe und Unabhängigkeit, die so heftig angestrebt wurden, für die nächsten Jahrzehnte dahin sind, dämmert den allzu früh zu Eltern Gewordenen erst, wenn sie zahlreiche Nächte durchwacht und ihren bewußt herbeigeführten Zeugungsakt oftmals verflucht haben.

Während Ehewillige in früheren, weniger aufgeklärten Zeiten nicht bereit waren, sich gegenseitig etwas vorzumachen, berufen sich heute viele auf die große Liebe, die sie angeblich verbindet. In Wahrheit tun es die meisten primär deshalb, weil es dazugehört, sie gerade im richtigen Alter sind, endlich ein bißchen Geld verdienen, eine Wohnung gekauft haben und anderes mehr. Vermutlich haben auch Sie, liebe Leserin, lieber Leser, sich eher aus pragmatischen und weniger aus romantischen Gründen in das eheliche Abenteuer gestürzt.

Männer, im Normalfall nur von ihren Müttern optimal betreut, heiraten meist sofort, wenn deren Arbeitskraft nachzulassen droht und die Gefahr wächst, im Kasten keine sauberen Socken mehr vorzufinden.

In ihrer Not machen sie sich sogleich auf die Suche und überprüfen unauffällig die häuslichen Fertigkeiten ihrer möglichen Langzeitgefährtin. Haben sie diese einige Male kochen, waschen, nähen und bügeln gesehen, geben sie ihr, wenn sie mit dem Probelauf einigermaßen zufrieden sind, anschließend den Zuschlag.

Frauen glauben auch heute noch an das Märchen vom einfühlsamen, kuscheligen Mann, der seine Partnerschaft zumindest genauso wichtig nimmt wie die Wintertauglichkeit seines fahrbaren Untersatzes. Beeindruckt von den männlichen Balzritualen und den darin enthaltenen, oft sehr intensiven Werbungsfeldzügen, verlieren die so heftig Begehrten langsam die Kontrolle über ihre körpereigenen Warnanlagen und erliegen in Massen den männlichen Versprechungen, wahrhaft gleichberechtigte Partnerschaften zu verwirklichen. Nach dem Verfliegen der ersten Euphorie will aber plötzlich keiner mehr derjenige gewesen sein, der den anderen in diese Ehe getrieben hat.

Warum ich es tat

Ich jedenfalls habe sicher nicht deswegen geheiratet, um endlich mein eigener Herr zu sein. Dafür ging es mir bei meinen Eltern viel zu gut. Wozu hätte ich mich also verändern sollen? Allerdings mußte ich es ertragen, von meinen Freunden als erzreaktionär verachtet zu werden.

Heutzutage ist das „MöglichstlangebeiMutternparasitieren" schon wieder modern, wenn man den Zeitgeistzeitschriften Glauben schenken kann. Auch ich würde wahrscheinlich noch heute in meinem Elternhaus leben, in einem herrlich abgelegenen Zimmer mit eigenem Eingang. Allein, aber glücklich. Warum ich dieses Paradies leichtfertig aufgegeben habe, möchte ich heute gar nicht mehr ganz genau wissen.

Meine Frau behauptet immer, daß sie eigentlich überhaupt nicht heiraten wollte. Mich schon gar nicht, weil ich nicht ihr Typ gewesen sei, aber ich hätte mich wie eine lästige Klette an sie geheftet und hartnäckig darauf bestanden. Und nachdem sie damals gerade nichts Besseres zu tun gehabt hätte, wäre sie eben mit mir in die gerade auf dem Weg liegende Kirche gegangen, um zu etwas ja zu sagen, was sie gar nicht kannte. Abgesehen davon sei ich derjenige gewesen, der das von ihr vorgeschlagene illegale Zusammenleben mit allen Mitteln verhindert habe. Einfach aus Angst, gleich wieder verlassen werden zu können.

Wenn Sie, so wie ich, von meinen zahllosen glücklichen Beziehungen wissen, werden Sie über diese absurde Interpretation auch nur lachen können. In Wahrheit war ich aufgrund des ungeheuren sittlichen Niederganges unserer zwischenmenschlichen Kultur, aus rein moralischen Gründen gegen eine wilde Ehe. Ich bin aber mit genügend menschlicher Größe gesegnet, um zugeben zu können, daß ich seinerzeit einer ehelichen Verbindung nicht unbedingt abgeneigt schien. Waren doch die wirklich nötigen Voraussetzungen, wie richtiges Alter und eine in Aussicht stehende Anstellung im Staatsdienst mit Pensionsberechtigung, gegeben. In meiner jugendlichen Unbekümmertheit konnte ich damals doch nicht ahnen, daß es nach der eigenen Mutterfrau keine wirkliche Verbesserung mehr geben konnte.

HOCHZEITSGESCHICHTEN

Die ersten Kalamitäten begannen schon mit den nervenzerfetzenden Vorbereitungen des größten Festes jeder Ehe. Kaum hatten wir den üblichen Papierkrieg siegreich beendet, wären wir beinahe an der schier unüberwindlichen Hürde der gemeinsamen Gästeliste gescheitert.

Ein echtes Kriterium stellte dabei die Auswahl der verschiedensten Sorten von Verwandten dar, von denen vor allem meine Eltern zu wissen glaubten, daß diese Zeit ihres Lebens darauf brannten, unbedingt an dem schaurig-schönen Schauspiel unserer Hochzeit teilnehmen zu müssen.

Da sich als Folge der besonderen Fruchtbarkeit eines meiner Onkel ganze Schwärme von Blutsverwandten in allen Bezirken des Landes ausgebreitet haben, bewarben sich auch bei unserer Zeremonie zahlreiche Kandidaten um einen günstigen Platz an der beliebten Tafel. Erschwerende Bedingungen gab es insofern, als sich meine Mutter mit großer Leidenschaft der Ahnenforschung und der Sammlung und Katalogisierung von noch lebenden Stammesangehörigen verschrieben hatte. Um auf dem laufenden bleiben zu können, erfordert dieses Hobby naturgemäß regelmäßige Kontakte; auch mit Angeheirateten ohne gemeinsamen Rhesusfaktor. Umso mehr fieberte meine Mutter dem großen Fest entgegen, würde es dort doch endlich wieder einmal nahezu eine Vollversammlung ihrer geliebten Sammelstücke geben.

Solange ich mich erinnern kann, hatte die Gute immer wieder versucht, durch ihr leuchtendes Vorbild auch in uns Kindern eine ebensolche Liebe zur Stimme des Blutes zu wecken. Sie hoffte daher sehr, daß einer von uns ihr Lebenswerk fortsetzen würde. Doch wie allzu viele andere Eltern scheiterte auch meine Mutter an der Bindungslosigkeit unserer Zeit. Weil meine Grundbedürfnisse nach intimen Verwandtenkontakten durch ein entsprechendes Angebot in meinem Elternhaus einen

Zustand der Sättigung erreicht hatten, hält sich meine Liebe zu Vettern, Nichten, Onkeln und Tanten aller Grade in überschaubaren Grenzen.

Als meine Auserwählte und ich darob nur einige wenige Auserwählte zu Tische bitten wollten, sah meine Mutter ihre Felle davonschwimmen und rief empört, daß sie solch einer peinlichen Selektion niemals ihre Zustimmung erteilen würde. Nachdem wir für ihre Formel, alle Tanten oder keine, nicht das nötige Verständnis aufbrachten, war sie zwar zu Abstrichen gezwungen, nicht aber von ihrer Forderung abzubringen, zumindest alle Blutsverwandten ersten Grades aufmarschieren zu lassen.

Mein Vater zeigte sich zwar nicht als bedingungsloser Kämpfer für einen gemeinschaftichen Verwandtenauftrieb, fühlte sich aber verpflichtet, uns jugendlichen Sturköpfen zu erläutern, was gerade im Zeitalter der verfallenden Werte und des galoppierenden Moralverlustes im allgemeinen und im besonderen unbedingt getan werden müsse. Ein Abgehen vom gewohnten Einladungsschema sei daher einfach undenkbar.

Meine Braut und ich befanden uns anscheinend in einem Zustand der Unzugänglichkeit und vertraten vehement die ketzerische Ansicht, daß es sich beim bevorstehenden Festakt um unsere Hochzeit handeln würde. Ein Mitspracherecht der Protagonisten müsse also zumindest in Betracht gezogen werden. Nach nächtelangen aufreibenden Diskussionen hatten wir uns dank der besseren Kondition knapp durchgesetzt. Scharen trinklüsterner Freunde ersetzten die geschlossen fernbleibenden Verwandten, die sich nach diesem Affront in einer Allianz vereinigten und uns in ihre schwarze Liste eingravierten. Zeit ihres Lebens und auch danach wurden uns alle Zuwendungen und Erbberechtigungen gestrichen, sodaß wir einen wahrhaft bitteren Nachgeschmack unserer revolutionären Einladungspolitik nicht verleugnen können.

Gelingt es Ihnen, liebe Heiratswillige, solche unvermeidlichen Auseinandersetzungen mit Ihren beiden Elternpaaren weitgehend unbeschadet zu überstehen, scheint Ihr Zusammengehörigkeitsgefühl stark genug zu sein, um zumindest einige Jahre miteinander erleben zu können.

Als ich mich noch im sorgenlosen Zustand des jugendlichen Ledigen befand, hatte ich hehre Vorstellungen von jenen überwältigenden Gefühlen, die mich bei meiner Eheschließung in einen Taumel der Seligkeit stürzen würden.

Bevor ich mich nämlich in diesen erträumten Emotionen baden durfte, mußte ich noch den Schock des Vortages der Hochzeit überwinden. War mir doch an einem traumhaften Sommertag erst richtig klar geworden, auf wieviele herrliche Frauen ich in Zukunft für immer verzichten würde müssen. Nie zuvor und auch nachher habe ich soviele überaus reizende und liebenswerte weibliche Geschöpfe an mir vorüberdefilieren sehen. Schließlich legte sich eine trübsinnige Schwere auf mein Gemüt, die mich an der Richtigkeit meiner Entscheidung ernsthaft zweifeln ließ. Am nächsten Tag aber hatte ich mich endgültig mit meinem Schicksal abgefunden. Ich war nun zum Verzicht bereit und wollte nur mehr einer Frau angehören. Der Bedeutung des Augenblicks entsprechend, versuchte ich während der feierlichen Zeremonie in mir eine große innerliche Erregung freizusetzen, um die angemessene Rührung deutlich werden zu lassen. Nachdem es mein erster Anlauf war, gelang mir dies leider nicht wirklich überzeugend.

Zum Ausgleich durfte ich dafür kurz darauf echte Gefühle der eifersüchtigen Verunsicherung erleben, sah ich doch meine junge Frau, die ausdauernd mit meinen angeblichen Freunden scherzte, stundenlang nicht. Wie mir die Gute nachher erklärte, hätte sie einfach prüfen müssen, ob sie auch als Ehefrau für andere Männer noch attraktiv sei. Sie brauche das für ihr Selbstwertgefühl und könne daher auf meine übertrieben verletzbare Seele keine Rücksicht nehmen. Ich könne noch von Glück reden. Immerhin habe sie es nur wegen ihres ausgeprägten Taktgefühles mehrmals abgelehnt, sich vor meinen Augen von gierigen Hochzeitsgästen küssen und abgrapschen zu lassen.

Dabei hatten wir vor der Hochzeit einvernehmlich festgelegt, daß wir uns getrennt voneinander mit anderen Kandidaten nur dann hemmungslos amüsieren dürften, wenn auch der Partner vielversprechende Kontakte geknüpft hätte. Weil ich in meiner natürlichen Sehnsucht nach Treue bewußt darauf verzichtet hatte, nach anderen Frauen auch nur zu schielen, stand ich die meiste Zeit traurig und verloren im Saal herum. Wohl jeder wird verstehen, daß ich mir einen erfreulicheren Start in die legale Zweisamkeit gewünscht hätte. Die einige Jahre zuvor so herbeigesehnte Hochzeitsnacht fiel wegen Erschöpfung meiner Leberkapazität aus. Nachdem wir, wie mein Vater, einer der letzten Moralisten aus Leidenschaft, kritisch anmerkte, unsere Hochzeitsreise schon ein Jahr zuvor absolviert hatten, war dieser Verlust leicht zu verschmerzen.

Von einer Abhängigkeit zur anderen

Zu Beginn des gemeinsamen Glücks, eben dem elterlichen Einflußbereich entronnen, merkt kaum einer der selig lächelnden Ehemänner, daß er schon wieder einen neuen Vorgesetzten hat, den er noch dazu selbst auswählen durfte. In den Flitterwochen und kurz danach geht der normale junge Ehemann abends noch gerne gemeinsam mit seiner heftig Angebeteten ins Bett, um durch lustvolle Turnereien dessen Belastbarkeit zu überprüfen. Doch irgendwann einmal, nach vielen gemeinsamen Bettgängen und dem langsamen Auftauchen von Babies, Kleinkindern und anderen nervtötenden Blutsverwandten, werden auch sehr anhängliche Gemüter langsam selbständiger und weniger abhängig.

Zumindest was die Bettzeiten betrifft.

Letztendlich hatte es nur einen Grund gegeben, warum ich von meinen Eltern fortstrebte: Sie konnten einfach nicht aufhören, mich frühzeitig ins Bett zu schicken, da mein ewig bleiches Gesicht nicht ihren Vorstellungen eines gesunden, jungen Mannes entsprach.

Als sich meine jetzige Ehefrau anschickte, mich aus meinem Kindsein zu erretten, schien mir die Aussicht, endlich selbst über meine Bettgehzeiten entscheiden zu können, besonders attraktiv. Umso größer war der Praxisschock. Stellte es sich doch zu meinem zunehmenden Entsetzen bald heraus, daß ich vom Regen in die Traufe geraten war. Wollte ich am späteren Abend durch das Studium literarischer Ergüsse der Hektik des Tages entkommen, drehte mir meine Frau einfach das Licht ab, wobei sie meine ohnehin zaghaften Proteste nicht einmal ignorierte.

Hatte ich gerade Lust, mir außerhalb der vorgeschriebenen Schlafenszeit ein für mich attraktives Fernsehereignis wie sportliche Ertüchtigung anderer Männer oder gar einen leicht sinnlichen Film munden lassen zu wollen, wurde mein ruhig vorgebrachtes Begehren nach noch etwas Aufbleibendürfen ohne allzulange Verhandlungen kaltherzig abgeschmettert. Meine Liebste setzte mir mit hochgezogenen Augenbrauen klar auseinander, daß sie nicht geheiratet habe, um jetzt allein ins Bett gehen zu müssen.

Dieser logisch zwingenden Argumentation hatte ich als junger, was eheliche Zwänge betrifft, völlig unerfahrener Mann, außer einigen hilflos dahingestammelten, substanzlosen Sätzen einfach nichts Gewichtiges entgegenzusetzen. Innerlich stark verhärmt ob meiner offensichtlichen Hörigkeit, ließ ich nach einem letzten sehnsüchtigen Blick auf das warme, heimelige Gerät die herrlichen Bilder verebben und trottete gehorsam und brav hinter meiner jugendlichen Gouvernante ins Schlafgemach.

Oft und oft plante ich in geistigen Streitgesprächen Verbesserungen meiner Zwangslage, doch im entscheidenden Moment verließ mich mein Mut in Riesenschritten. Erst als ich nach einem mehrwöchigen Selbstbehauptungstraining den Satz: „Ich möchte gerne selbst entscheiden, wann heute das Licht abgedreht wird", ohne Zittern in meiner Stimme vortragen konnte, gelang mir der endgültige Durchbruch.

Meine Frau war durch meinen plötzlichen Widerstand so überrascht, daß sie meinen nächtlichen Freiraum beträchtlich erweiterte. Und so darf ich jetzt bei jedem Europacupfinale und an meinen Geburtstagen länger aufbleiben. Dieser unerwartete Erfolg ließ mich freilich nicht ruhen, und da ich ein äußerst karitativ denkender Mensch bin, konnte ich nicht umhin, meinen ähnlich an ihrer Unfreiheit leidenden Freunden meine freudvollen Erfahrungen zur Kenntnis zu bringen, um auch sie zu solch revolutionären Akten anzuregen.

AUF VERBOTENEN WEGEN

Letztendlich bin aber ich, wie die meisten Männer, im Grunde genommen der tonangebende Teil unserer häuslichen Gemeinschaft. Dennoch gibt es spezielle Situationen, in denen ich die Zustimmung meiner Liebsten benötige, will ich meine heimlichen Wünsche verwirklichen.

Als mir eines Tages eine neue, nicht unattraktive Bürokollegin vorschlug, mit ihr gemeinsam einen netten Abend zu verbringen, sagte ich völlig unbedacht ob meines Familienstandes sofort zu. Gehörte ich zu jenen von mir bewunderten Männern, denen weibliche Einwände vielleicht lästig sind, die sich davon aber niemals auch nur ansatzweise von ihren Zielen abbringen lassen, wäre meinem Vergnügen nichts im Wege gestanden.

Nun zähle ich aber zur großen Gruppe der durchschnittlich Sensiblen und stand damit vor dem fast unlösbaren Problem, meiner Frau meine individuelle Abendgestaltung schmackhaft zu machen, obwohl ich mich durch lange Jahre der offensichtlichen Treue als vertrauenswürdiger Partner erwiesen hatte.

Einen Abend mit einer Berufskollegin zu verbringen, ist im Grunde genommen etwas ganz Harmloses. Freilich war nicht auszuschließen, daß meine Begleiterin dem Abend ein erotisches Glanzlicht aufsetzen würde, dessen Strahlkraft ich mich nur schwer entziehen könnte.

Da das auch meiner Frau klar sein mußte, konnte ich nur versuchen, meinen geplanten Ausstieg aus dem Rahmen der ehelichen Zweisamkeit als ganz gewöhnliches Ereignis hinzustellen. Mir war natürlich bewußt, daß solch ein nahezu unmögliches Unterfangen bis ins kleinste Detail sorgfältig geplant werden mußte, sollte die Erfolgswahrscheinlichkeit Null übersteigen.

Um eine möglichst günstige Ausgangsposition zu schaffen, beäugte ich meine Liebste tagelang. Als sich eines Abends eine wohlige Ruhe über den gesamten Wohnbereich legte, die Kinder, selig lächelnd, in ihren Kissen vergraben, heimeliges Glück verströmten, der Luftbefeuchter sang und die Katze sich putzte, alles einfach wunderbar war, entschloß ich mich zum Handeln. Mit großem Druck in meiner schütter behaarten Brust schnellte ich vor, einen Mordsknödel im Hals, und mit zittriger Stimme und brüchiger Festigkeit stammelte ich die erste Silbe meines zuvor hundertmal still vorgesagten Spruches „Du?!!?" fast unhörbar vor mich hin.

Noch ahnte meine Süße nichts, hatte nichts wahrgenommen, was die Idylle stören könnte und murmelte leicht irritiert: „Mhm." Diese inhaltsleere Floskel signalisierte mir untertonfreies Desinteresse, und ich konnte mich daher unbesorgt weiter vorwagen: „Duuu, Schatzi!?"

Da ich in der von mir bewußt gesetzten Pause keine Antwort erhielt, bot sich für mich noch einmal die Möglichkeit, meinen Freiheitsdrang zu unterdrücken und den Rückzug anzutreten. Noch war nichts passiert, noch nicht zuviel gesagt. Ich wußte genau, daß das falsche Wort zum falschen Zeitpunkt im nachhinein viele gedrechselte Sätze erfordern würde, um jene Atmosphäre zu schaffen, die vor dem Bittritual bestanden hatte. Trotz einer möglichen schmählichen Niederlage war ich wild entschlossen, das kreislaufbelastende Spiel fortzusetzen.

Kühn erweiterte ich daher meine Anfrage und sagte mit fester Stimme, ohne das „Du" wieder so lange in die Höhe gezogen klingen zu lassen: „Du, Schatzi!?" (Nur ein Hauch von Unsicherheit, und meine Liebste hätte sofort gespürt, daß ich meine Freiräume beträchtlich zu erweitern plante. Ich hatte die beschriebene Phase zuvor in einem Rollenspiel mit einem Freund durchgearbeitet, um auf mögliche Konter angemessen antworten zu können).

Nachdem die Meinige noch immer nicht reagierte, ließ ich all meine Hemmungen zurück und sagte laut und deutlich: „Du Schatzi, du weißt ja, wie sehr ich dich liebe", (keinesfalls dürfen Frauen in dieser wichtigen Anfangsphase der Bittprozedur vor den Kopf gestoßen werden. Der verbale Liebesbeweis gilt als eine wesentliche Voraussetzung für jedwede weibliche Nachgiebigkeit) „aber ich muß dir unbedingt etwas sagen!"

Als sich nun im Gesicht meiner Liebsten eine deutlich merkbare Rötung erkennen ließ, beschwichtigte ich sie sofort: „Nein, nein, nichts Aufregendes, wir haben eh schon oft darüber gesprochen."

(Dieses „eh schon oft darüber gesprochen" ist eine im gesamten deutschen Sprachraum bewährte Einleitung, vergleichbar mit der spanischen Eröffnung beim normalen Schach, dem unser Spiel in mancher Hinsicht ähnelt. Versucht doch jeder seinen Partner einzukreisen, ihm alle Verteidigungsmöglichkeiten zu rauben und ihm keinen Ausweg zu lassen, um ihn schlußendlich zur Strecke zu bringen, ihn mitleidslos matt zu setzen).

Meine grandiose Eröffnung, ein wirklich gelungener Schachzug, hatte bei meiner Partnerin eine wahre Explosion in jenem Gehirnteil ausgelöst, der für Herzgeschichten zuständig ist. Meine Ansage wurde im Computertempo analysiert und mit bisherigen Situationen verglichen. Da sich kein vergleichbares Ereignis fand, geriet meine Gefährtin aufgrund des Zugzwanges zunehmend in Zeitnot und war deshalb nicht in der Lage, auf meinen Vorstoß wirkungsvoll zu reagieren.

Während sich die querschießenden Gedanken meiner Frau zu einem unauflösbaren Problemknoten verstrickten und sie selbst noch wie gelähmt in ihren geistigen Seilen hing, formulierte ich, den Sieg scheinbar vor Augen, betont gelassen: „Es geht um eine neue Kollegin. Ich hab dir eh schon einmal von ihr erzählt. Sie ist wirklich sehr nett, aber überhaupt nicht mein Typ. Weißt du, sie hat für mich so gar nichts Weibliches oder gar Erotisches."

Meine Frau müßte wirklich verrückt sein, hätte sie mir auch nur ein einziges Wort davon geglaubt. Leider war sie überdies klug genug, es mich nicht merken zu lassen.

„Ja, und diese neue Kollegin, von der ich nicht einmal den Vornamen kenne, die kriegt einfach keinen Anschluß bei uns. Du weißt doch, wie heutzutage die meisten Männer sind. Verspricht ihnen eine Frau von ihrem Äußeren her nicht wilde Sexorgien, sehen sie in ihr bald nur mehr den Träger einer Stimme, an der der Stimmbruch vorbeigehuscht ist."

Ich hoffte, meine Frau davon zu überzeugen, daß ich an meiner neuen Mitarbeiterin nur als Mensch interessiert wäre. „Diese neue Kollegin, die tut mir einfach leid. Ich weiß selbst, wie schwer es ist, wenn man so neu ist. Und da möchte ich ihr ein wenig unter die Arme greifen."

Bedauerlicherweise wurde dieser Satz von meiner Liebsten genau so aufgefaßt, wie ich es gefürchtet hatte. Mit einem heftigen Atemzug blies sie dem grauslichen Spiel abrupt das Lebenslicht aus und fällte mit leicht angerauhter Stimme aus unteren Brustkorbregionen ihr Urteil: „Ja, ja." Während ich minderbemittelter Ansuchender in meiner einbahnigen Denkweise mich schon am Ziel glaubte und innerlich laut frohlockte, traf es mich nach Ablauf einer kurzen Pause umso härter, als ich hören mußte, wie jene, die ich einst unbedingt haben zu müssen glaubte, antwortete.

„Ja, ja," wiederholte sie. „Wenn es dir so wichtig ist, habe ich natürlich nichts dagegen. Bei uns ist doch kein Gefängnis. Schließlich sind wir beide erwachsene Menschen. Jeder von uns braucht sein Eigenleben, das ist völlig klar, und ich bin die Letzte, die dir das nicht zugesteht. Geh ruhig fort mit deiner Kollegin. Für Folgen irgendwelcher Art kann ich freilich nicht garantieren, aber was im Leben ist schon ohne Risiko? Also dann, viel Vergnügen!"

Da ich wußte, daß ich mich diesmal doch etwas zu weit vorgewagt hatte, ließ ich meine vielversprechende Verabredung bedauernd sausen. Obwohl ich meiner Liebsten mehrfach versicherte, doch nur sie ganz allein zu lieben, bin ich seit damals primär damit beschäftigt, sie davon auch zu überzeugen. Dennoch wurde es niemals mehr wie zuvor.

82

Um neue, kontaktgestörte Kolleginnen aber mache ich einen riesengroßen Bogen.

HALTLOSE FRAUEN

Die meisten Ehemänner versuchen, wie eben beschrieben, ihre empfindsamen Partnerinnen so weit wie möglich zu schonen und im Notfall sogar auf die Befriedigung ihres Bedürfnisses nach intensiven Kontakten zum anderen Geschlecht zu verzichten.

Hingegen sind Frauen grundsätzlich kaum daran interessiert, ihr trautes Heim ohne die gewohnte männliche Begleitung zu verlassen. Unsere wert- und morallose Zeit hat es aber mit sich gebracht, daß immer mehr haltlose Geschöpfe davon phantasieren, ihre ehelichen Bande zu lockern, um sich in ihrer Weiblichkeit an fremden Gestaden zu sonnen. Ja, manch besonders Vorwitzige träumen sogar davon, am Abend allein durch die Gegend ziehen zu dürfen. Ein Ansinnen, das außerhalb jeder Realität liegt und für einen vernünftigen Ehemann zu Recht als denkunmöglich gilt. Obwohl daher auch ich dieser Auffassung anhänge, werde ich – oft gegen meinen Willen – von turmhohen Wellen einer grenzenlosen Toleranz überschwemmt, was meine Frau leider hemmungslos für ihre Zwecke ausnützt.

Eines Tages erwähnte sie so nebenbei, den nächsten Abend mit einem hartnäckigen Verehrer verbringen zu wollen, ohne auch nur einen ablehnenden Bescheid meinerseits in Betracht zu ziehen. Durch diesen leicht errungenen Erfolg verwöhnt, weitete meine Liebste ihren Freiraum in der Folge beträchtlich aus. Ihre abendlichen Alleingänge nahmen an Häufigkeit und Intensität stark zu.

Nachdem sie quasi zum Aufwärmen die nachmitternächtliche Heimkehr zur Regel gemacht hatte, gelang ihr bald darauf das Meisterstück. Da meine Frau weiß, daß sogar meine Geduld Grenzen hat, machte sie mich bei ihrem Weggehen liebevoll darauf aufmerksam, daß der Zeitpunkt ihrer Heimkehr ganz ungewiß sei, ich daher mit allem rechnen müsse. Mehr konnte ich in diesem Moment von ihr wirklich nicht verlangen. Dennoch war in jener Nacht die Unruhe Begleiterin meines Schlafes, wußte ich doch meine lebenslustige Gefährtin den Gefahren des zügellosen Nachtlebens ausgeliefert.

Während sich bereits die Vorläufer des Morgengrauens ankündigten, hoffte ich noch immer auf ihre Rückkehr, wobei ich die klappernden Stöckel an meinem Fenster vorbeiziehender Damen oft fälschlich für die meiner abgängigen Liebsten hielt. Ständig enttäuscht, fiel ich schließlich in den Schlaf des Vergessens. Doch auch am Morgen starrte mir das unbenützte Bett an meiner Seite höhnisch entgegen.

Nun wurde mir endültig klar, daß ich nicht geträumt hatte. Irgendwie schaffte ich es, meine bleiernen Glieder von der Liegestatt zu räumen. Blutenden Herzens informierte ich unsere beiden Töchter über die skandalösen Eskapaden ihrer Mutter. Als sie stürmisch Aufklärung erheischten, wo diese sich denn aufhalten würde, mußte ich gestehen, daß ich davon leider keine Ahnung hatte.

Ersparen Sie mir nähere Auskünfte über die Reaktionen meiner verstörten Kinder. Mitten in diese dramatische Szenerie hinein drängte sich das unüberhörbare Schrillen des Telefons.

Es war sie!

Sie sei noch unterwegs, meinte meine Süße ganz

locker, benötige aber für ihren Unterricht einige Unterlagen, die ich in mein Büro mitzunehmen hätte, wo sie auf
mich warte.

Niemals wäre ich darauf eingegangen, würde mir nicht
das Wohl ihrer Schüler am Herzen liegen. Bei unserer
Begegnung hatte ich allerdings größte Mühe, nicht die
Beherrschung zu verlieren, lächelte aber freundlich, um
meinen herumstehenden Kolleginnen männliche Gelassenheit zu demonstrieren. Fragen Sie mich aber lieber
nicht, wie ich anschließend meiner Frau ihre Grenzen
zeigte! Zwei Abende ließ ich sie überhaupt nicht fort,
und als sie unlängst wieder ausrückte, zeigten sich die
Erfolge meiner Sanktionen.

Bevor die Sonne noch aufgegangen war, lag sie schon
an meiner Seite.

Auf und davon

Bei der heutigen Lebenserwartung wird das „ganze
Leben" immer länger, für viele in einer Bindung lebende
Menschen einfach unbeschreiblich lang. Falls Sie es
schaffen, die Launen Ihrer Partnerin beziehungsweise
Ihres Partners auszuhalten und diesen gewaltigen Brok-
ken an luftabschnürender Zweisamkeit zu überleben,
müssen Sie ernsthaft damit rechnen, mit Ihrem Auserwählten zumindest ein halbes Jahrhundert gemeinsam
zu verbringen. Sind Sie etwa fünfzig Jahre alt, wissen Sie
bereits, um welch gewaltige Zeitspanne es sich dabei
dreht.

Bedenken Sie, daß es kaum jemandem gelingt, mit

den eigenen Eltern und Geschwistern, die man doch meist recht lange und gut kennt, einigermaßen friedlich über die Runden zu kommen. Nur Wahnsinnige können doch ernsthaft glauben, angekettet an einen weitgehend Fremden, mit diesem endlose Dezennien zu durchleben, ohne regelmäßig von Mordphantasien geschüttelt zu werden.

Als ich unlängst mit einer lieben Freundin zusammensaß, löste der Alkohol ihre ansonsten eher verhaltene Zunge und sie gestand mir, gewisse Eigenheiten ihres Mannes, die anfangs als süße Marotten einen unerklärlichen Reiz auf sie ausgeübt hatten, heute als Beziehungskiller kaum mehr ertragen zu können.

Auch Sie, liebe Leserinnen, verehrte Leser, haben als ursprünglich unerträglich entzückender und grenzenlos attraktiver Mensch Ihre(n) Partner(in) mit Sicherheit schon oft so weit gebracht, daß diese(r) Sie los sein wollte. Dieser fromme und für jeden ewig Gebundenen verständliche Wunsch wächst langsam aber stetig vor sich hin, unabhängig davon, ob Sie in einer nur scheinbar oder tatsächlich annehmbaren Beziehung leben.

Wollten Sie vielleicht noch nie auf und davon? Sollte es Ihnen gelingen, diese Frage zu verneinen, mögen Ihnen beim Lesen die Augen stecken bleiben.

In medialen Exponaten aller weltanschaulichen Richtungen wird regelmäßig über den zunehmenden Trend, unhaltbar gewordene Partnerschaften aufzulösen, berichtet und in ausführlichen Analysen über die möglichen Ursachen gerätselt. Rundherum unverständlich und für uns Männer besonders schockierend bleibt dabei die unumstößliche Erkenntnis, daß die Initiative dazu überwiegend von den, von uns so glücklich geglaubten

Frauen, ausgeht. Um eine Erklärung für ihre Scheidungswut gebeten, behaupten viele, sie hätten in ihrem jugendlichen Leichtsinn anfangs gehofft, ihr Auserwählter würde ihnen grundsätzlich ähnlich sein oder es zumindest einmal werden, bis sie eines Tages mit erschreckender Gewißheit erkennen mußten, als einzige Gemeinsamkeit die gleiche Adresse zu besitzen.

Während sie selbst sich verändert und durch einen Reifungsprozeß zu einer Persönlichkeit weiterentwickelt hätten, wären ihre männlichen Partner reine Ignoranten, die mit einem alkoholischen Getränk in der Hand nur vor dem Fernseher säßen, um sich, kabelgestützt, rund um die Uhr ein Programm nach dem anderen kritiklos hineinzuziehen.

Fast alle Beziehungsflüchtlinge machen allerdings einen gravierenden Fehler, wenn sie glauben, sie könnten sich entscheidend verbessern. Viele, die das dennoch nicht wahrhaben wollen, verkünden lauthals, sie hätten jetzt endlich gelernt, eigene Fehler zu vermeiden und mit jenen ihres neuen Partners besser umzugehen. Niemals würden sie offen zugeben, die wohl durchgesehene, aber leider nicht verbesserte zweite Auflage ihres ersten gescheiterten Versuches miterleben zu müssen, sieht man davon ab, daß der neue Partner in den meisten Fällen einen anderen Namen hat. Für schmählich verlassene Ehemänner mag das nur ein schwacher Trost sein. Sie befinden sich aber in bester Gesellschaft, habe nämlich auch ich, trotz bester Voraussetzungen, als Partner offensichtlich versagt. Wettete ich doch vor vielen Jahren mit einem Freund, daß ich als Beziehungsexperte sicher eine optimale Ehe führen würde. Wer sonst wäre dafür besser geeignet als ich? Dieser Unmensch, der übrigens – wie ich heute weiß, aus guten Gründen – noch immer unverheiratet ist und es vernünftigerweise auch bleiben wird, äußerte damals leichte Zweifel über meine Zuversicht, das eheliche Abenteuer unverwundet zu überleben, was mich seinerzeit sehr verstimmte.

Heute ist mein früherer Optimismus weitgehend verflogen. Meine Frau ist schließlich seit längerer Zeit fest entschlossen, mich zu verlassen und nach China oder Guatemala zu ziehen. Das Leben mit mir sei schrecklich eintönig und geradezu deprimierend. Ansagen, die für mein labiles männliches Selbstwertgefühl nicht eben wachstumsfördernd sind.

Anfangs nahm ich ihre Drohungen freilich nicht einmal ernst, inzwischen aber kenne ich meine Frau gut genug, um zu wissen, daß sie ihre Pläne auch durchzusetzen pflegt. Daß ich mich innerlich schon damit abgefunden habe, genügt ihr allerdings bei weitem nicht. Vor allem müßte ich sie ohne jede belastende Diskussion gehen lassen, dürfte es aber zugleich keinesfalls unterlassen, sie auf Knien zu bitten, doch bei mir zu bleiben. Schließlich hätte es mir wahnsinnig leid zu tun, würde ich sie verlieren.

Als mir meine Angetraute eines unverdächtigen, zuvor ganz normalen Abends, zum ersten Mal von der Sinnlosigkeit ihres monotonen ehelichen Daseins an meiner Seite berichtete, hätte es mich vor Entsetzen bald aus dem Bett geworfen. Mitten in die zunehmende Schwärze des nächtlichen Ambientes malträtierten die kühlen Erläuterungen meiner fluchtwilligen Frau die verschreckten Gehörgänge meiner Ohren, die Ähnliches zuvor nie vernommen hatten. Mich hätte sie keinesfalls heiraten dürfen; für eine Ehe sei sie von ihrer freiheitsliebenden, nach Unabhängigkeit dürstenden Persönlichkeit her eigentlich nicht geeignet und überhaupt.

Ich, der ich trotz dieser unmenschlichen Angriffe auch heute noch von meiner besonderen Begabung für Zwischenmenschliches überzeugt bin, wurde als katastrophalste männliche Erscheinung seit Menschengedenken hingestellt.

Zu meinem Glück nützen sich durch Wiederholungen auch die stärksten Waffen ab, und so habe ich mich daran gewöhnt, in regelmäßigen Abständen als Unmann par excellence gebrandmarkt zu werden.

Unabhängig von ihren Auslandsplänen schwärmt meine Frau schon seit Jahren von einer eigenen Wohnung. Obwohl bei uns eine Einrichtungsinnovation der anderen folgt, scheint ihr Auszug beschlossene Sache zu sein. Sie habe es satt, nichts anderes zu tun, als ständig meine Unterhosen und Socken zu waschen und meine widerspenstigen Hemden zu bügeln. Schließlich sei sie nicht meine Putzfrau. So muß ich jeden Tag damit rechnen, daß sie ihre Dienste ohne Vorwarnung einstellt.

Sie können sich vorstellen, liebe männliche Genossen, auf welchem Pulverfaß ich lebe, wobei die Socken und Hemden aber nicht unser einziges Problem sind.

Meine Frau hat auch sonst einiges an mir auszusetzen. Besonders mein Schlafverhalten sei unter jeder Kritik, da ich ohne Unterlaß schniefen und schnaufen würde. Überdies könne ich nicht ruhig liegen und würde mich pausenlos drehen und wenden, sodaß ich es in den meisten Nächten nicht mehr wage, meinen ermatteten Körper zu verrücken, solange meine Bettnachbarin nicht eingeschlafen ist. Schlaflose Nächte meinerseits sind die

Folge dieser schrecklichen Diktatur, der ich seit vielen Jahren hilflos ausgesetzt bin.

Daher halte ich die Idee meiner Frau, sich eine eigene Wohnung zu suchen, inzwischen für durchaus attraktiv. Auch wenn ich wahrscheinlich gar nicht in der Lage bin, zu begreifen, welche Umwälzungen, ja persönliche Revolutionen solch ein Schritt nach sich ziehen würde.

Endlich einmal könnte ich mich im Badezimmer so weit verbreiten, wie meine Frau es zu tun pflegt. Sie wohnt geradezu dort. Ihre zahlreichen Utensilien zur Rumpf- und Gesichtspflege verschlingen neben dem Großteil des Familieneinkommens mehrstöckige Abstellflächen, die spielend die Toilettebeutelinhalte einer gesamten Männerkompanie verkraften würden.

Plötzlich hätte ich die Freiheit, zu kommen und vor allem zu gehen, wann ich will. Welch Gewinn an Lebensqualität, müßte ich nicht jedesmal erklären, warum ich nicht um die gleiche Zeit wie am Vortag nach Hause gekommen bin, wo ich den Abend verbracht habe, warum ich lieber die Sportsendung statt der Schwarzwaldklinik sehen möchte, oder warum ich keine Lust habe, jeden Samstag mittag die Klinke der Schwiegermutterwohnungstür zu putzen etc., etc.

Auch für meine äußere Erscheinung wäre ich nun erstmals selbst verantwortlich. Hemmungslos könnte ich meinen geheimen Neigungen nachgeben und mit ungewaschenen und fetten Haaren auf die Straße gehen, ja sogar selbst entscheiden, was ich anziehen möchte, auch mein verschwitztes Lieblingshemd und die gebrauchte Unterwäsche. Das wäre ein wahrhaft kindliches Vergnügen und sicher ein Höhepunkt in meiner Karriere als Ehemann. Mit meiner Frau brauchte ich mich nur mehr zu gemeinsamen Lustbarkeiten zu treffen. Vom Alltagsfrust befreit, würde zwischen uns wieder heftige Leidenschaft aufbranden und nimmermehr enden. Da ich mir aber, wie die meisten gewöhnlichen Ehemänner, eine Zweitwohnung nicht leisten kann, muß all das ein unerfüllbarer Traum bleiben.

Würden wir in der Anfangseuphorie einer vielversprechenden Liaison nicht gleich die lieben Eltern verlassen, könnte man sich das ganze Theater, eine gemeinsame Wohnung suchen, einziehen, umziehen und wieder ausziehen, eigentlich ersparen. Solange man aber gerade jene weitblickenden Menschen, denen die Liebe zu Vater und Mutter über alles geht, als ablösungsunfähige und unreife Wesen abwertet, werden Scheidungstragödien auch weiterhin zu unserem Alltag gehören

Die partnerschaftliche Auseinandersetzung

Machtkämpfe ohne Ende

Seit Anbeginn meiner ehelichen Verbindung war ich felsenfest davon überzeugt, daß ich aufgrund meiner ausgereiften weltmännischen Persönlichkeit und durch meine profunden theoretischen Kenntnisse der Bewältigung von Konflikten und Krisen aller Art in meiner Partnerschaft keine Probleme haben würde. Wenn mir auch bewußt war, daß die ungebremste und sehr naturbelassene Charakterstruktur meiner Frau einer liebevollen, konsequenten Führung bedarf, war ich mir sicher, wirklich ernsthafte Konfrontationen vermeiden zu können. Niemals hätte ich mir gedacht, daß ich als bestens qualifizierter Ehemann derartigen Belastungsproben ausgesetzt sein würde.

Da meine Frau alle Anlagen zu einer begnadeten Streiterin aus ihrem Elternhaus mit in die Ehe eingebracht hat – leider ihre einzige Mitgift, was ich aber niemals erwähne –, kommt es sogar in meiner Bilderbuchehe mitunter zu schwerwiegenden Zerwürfnissen.

Meine Eltern hatten es in ihrem ehelichen Alltag leider verabsäumt, uns Kindern regelmäßig sehenswerte, lautstarke Auseinandersetzungen vorzuleben und uns so für eine lebendigere partnerschaftliche Konfliktlösung zu präparieren. Bei jedem Jahreswechsel nehme ich mir ernsthaft vor, von nun an überraschende Attacken meiner Frau entsprechend zu beantworten, bin aber meiner wesentlich besser ausgebildeten Kontrahentin in keiner Weise gewachsen. Nur wenige Augenblicke nach Eröffnung der Feindseligkeiten verlege ich mich nämlich rasch auf den geordneten Rückzug, dämpfe meine zuvor etwas voller gewordene Stimme, lasse meine zum Angriff erhobenen Schreibtischhände augenblicklich sinken, neige in Demutshaltung meinen Kopf und lege mir bereits mögliche Entschuldigungen zurecht.

So hast du als Mann einfach keine Chance.

Ich weiss es einfach besser

Als umfassend gebildete Zeitgenossin ist meine Frau anderen Männern oft turmhoch überlegen. Sie kann es daher einfach nicht fassen, daß meine Kenntnisse in vielen Bereichen ein weit höheres Niveau erreichen als die ihrigen. Wohl jeder wird verstehen, daß in unserer Partnerschaft die Möglichkeit des Nachgebens keinen Anhänger hat.

Sind wir uns über wesentliche Fragen wie der korrekten Schreibweise eines Wortes nicht einig, wählen wir sofort die Variante einer Wette um das Taschengeld. Schließlich halten wir uns beide für universelle Spezialisten auf dem Gebiet der Rechtschreibung. Ich erlaube mir aber erläuternd hinzuzufügen, daß meine Frau lediglich eine angelernte Deutschlehrerin ist, während ich ihr als Sohn eines wirklichen Germanisten von Geburt an überlegen bin. Überdies besitze ich ein nahezu übermenschliches Gefühl für die Feinheiten der deutschen Sprache. Da meine Frau meine überragende Kompetenz aus reiner Prinzipienreiterei nicht anzuerkennen gewillt ist, verläßt sie ihren unhaltbaren Standpunkt solange nicht, bis ihr klar und unwiderlegbar das Gegenteil bewiesen wird. Zur Klärung orthographischer Fragen bin ich daher gezwungen, den Duden als unbestechlichen Richter in unsere Zweisamkeit aufzunehmen.

Daß sich leider nicht alle Auffassungsunterschiede zwischen uns auf diese elegante Art beseitigen lassen, muß ich bei zahlreichen anderen Gelegenheiten schmerzhaft zur Kenntnis nehmen.

DIE KATZE ODER ICH

Trotz zahlreicher Ehejahre habe ich noch immer nicht jenen ritterlichen Großmut verloren, der mich dazu treibt, meine Frau ständig zu verwöhnen und ihr in regelmäßigen Abständen kuisinale Genüsse außerhalb der trauten Küche zu ermöglichen.

Während darob wohl jede andere ihrer Geschlechtsgenossinnen aus Dankbarkeit Wallfahrten zur Gewohnheit machen würde, benutzte meine ungewöhnliche Frau eines Abends skrupellos diese Plattform, um mit mir eine von Anfang an sachlich äußerst unfaire Diskussion zu beginnen, ob aus unserer doch recht gemütlichen Wohnung eine Dependance eines Tierheimes werden sollte.

Kurze Zeit davor war ich bereits ein Opfer meiner fürstlichen Großzügigkeit geworden und hatte trotz innerlicher Krämpfe den Erwerb degenerierter Meerschweine in Kauf genommen. Nun forderte meine schrankenlose Frau apodiktisch einen weiteren Ausbau unseres Kleinschönbrunner Tiergartens. Unser schönes

95

Heim sollte dem natürlichen Zerstörungsdrang einer gemeinen Hauskatze ausgesetzt werden, als ob unsere Kinder nicht ausreichten, den Wert unserer Wohnung durch gezielte ruinöse Aktionen zu verringern. Selbstverständlich lehnte ich den irrwitzigen Wunsch meiner Frau nach solch einem haarenden Ungeheuer entschieden ab.

Nach den Gründen meines Widerstandes befragt, hatte ich wenig Mühe, mit unzähligen vernünftigen Argumenten aufzuwarten. Die Aufnahme einer räudigen Katze in meine saubere Wohnung müßte demnach als selbstzerstörerischer Akt angesehen werden.

Leider befand sich meine liebe Frau in einer ausgesprochenen Kampfesstimmung. All meine Versuche, bei ihr ein wenig Verständnis für meine Antikatzenkampagne zu finden, waren daher vergeblich.

Nachdem sich unsere hitzige Auseinandersetzung zu einer Grundsatzdiskussion gemausert hatte, in deren Verlauf mir meine Süße locker mitteilte, sie werde diesmal unter allen Umständen siegen, gab ich die Schlacht verloren. Daß mit der Aufnahme eines Tieres für meine Liebste anscheinend der größte Wunsch ihres Lebens in Erfüllung gehen würde, gab mir allerdings zu denken. Nach meiner erzwungenen Zustimmung behauptete sie auch noch ernsthaft, ich hätte zum ersten Mal nachgegeben. Mit einem Schlag wurde mir klar, daß ich der einzige war, der grundsätzlich meine Meinung teilte. Nie zuvor hatte ich mich so einsam gefühlt.

Bald darauf erfüllte eine kleine Katze unseren zuvor anscheinend zu phlegmatischen Haushalt mit neuem Leben. Von nun an war die gesamte Familie rund um die Uhr damit beschäftigt, dem unerwünschten Neuankömmling eine Grundausstattung normaler Manieren beizubringen. Diese große Aufgabe erforderte neben hoher Erziehungskompetenz auch eine gravierende Umstellung langjähriger Gewohnheitsakte.

Abgesehen von den reinen Lebenshaltungskosten, die unsere ohnehin angespannte finanzielle Lage fast unerträglich verschlimmerten, ruinierte die kleine Raubkatze kostbare Bücher, markierte ihr Revier mitten auf meiner exklusiven Stereoanlage und schärfte ihre jungen Krallen regelmäßig an meiner Lieblingscouch. Behende sprang sie auf Kästen und Kommoden und ließ zahlreiche Blumentöpfe im freien Fall explodieren. Selbstverständlich wurde ich dafür verantwortlich gemacht, hatte ich doch nach Ansicht meiner Frau die Aufsichtspflicht gröbst vernachlässigt.

Als es nach zahlreichen Fehlschlägen endlich gelungen schien, diesem verzogenen Untier die Funktion des stillen Örtchens verständlich zu machen, entschied es sich plötzlich für eine ungewöhnliche Variante der Erleichterung und genoß entgegen allen biologischen Gesetzen bei jeder Gelegenheit ein entspannendes Bad in der Sanitärmuschel. Statt diesem frechen Eindringling die nötigen Manieren beizubringen, wurde ich dazu angehalten, durch permanentes Schließen aller verfügbarer Abdeckungen weitere Schwimmversuche schon im Keim zu ersticken.

Da diese Anordnung meinen langjährigen Gewohnheiten zuwiderlief, gelang es der cleveren Mieze häufig, ihre Bedürfnisse nach Abkühlung zu befriedigen. Daß ich deswegen jedesmal zum ehelichen Rapport befohlen wurde, ließ meine Liebe zu unserem neuen Mitbewohner nicht gerade wachsen.

Lange Zeit scheiterte ich auch an der zusätzlichen Auflage, die Tür zur tierischen Bedürfnisanstalt lediglich angelehnt zu lassen, sie aber niemals zu schließen.

Inzwischen sind mir aber die geforderten Handlungen so in Fleisch und Blut übergegangen, daß ich im Büro und in fremden Wohnungen zwar alle Wasserstellen und Bademöglichkeiten augenblicklich abdecke, aber keine einzige Tür mehr zu schließen wage.

Trotz aller Versuche, unserem Kätzchen seine zahlreichen Unarten abzugewöhnen, neigt es bei Gelegenheit nach wie vor zu Rückfällen und darf daher niemals ohne Aufsicht in einem Zimmer bleiben. Als ich einmal allein zu Hause war und gerade zur Arbeit gehen wollte, war das gute Tier plötzlich wie vom Erdboden verschluckt.

Anfangs suchte ich noch in Ruhe, um langsam immer hektischer zu werden. Durfte ich doch, ohne die Gute zu finden, die Wohnung nicht verlassen, wollte ich nicht nach meiner Heimkehr ein Chaos vorfinden. Obwohl ich durch alle Zimmer robbte und jeden Schrank durchsuchte, gelang es mir nicht, ihren Aufenthaltsort zu eruieren. Nachdem ich, mit den Nerven völlig am Ende, die Hoffnung bereits aufgegeben hatte und nur mehr pro forma nochmals unseren Schlafzimmerkasten durchwühlte, blickte mir dieses durchtriebene Luder – auf einem Wäschehaufen residierend – unschuldig entgegen. Wütend schleuderte ich ihm heftige Haßtiraden entgegen, ohne auch nur einer kurzen Antwort gewürdigt zu werden.

Noch vor der Ankunft dieser unseligen Katze hatte ich meine Frau auf die Schwierigkeiten aufmerksam gemacht, die es in der Urlaubszeit geben würde. Wie immer wurden meine Bedenken als unsachliche Schikanen abgewertet, und daher nach keinerlei Lösungen gesucht.

Trotz meines wiederholten Drängens geschah nichts. Fast nichts. Bereits einen Tag vor unserer Abfahrt fand meine Frau eine Bekannte, die bereit war, unsere Mieze als Gefährtin ihres Katers vorübergehend aufzunehmen. Kaum hatten die beiden Vierbeiner einander in die glühenden Augen geblickt, gerieten ihre Instinkte in Aufruhr. In einer unglaublich wilden Jagd fegten die kleinen Raubtiere über Vorhänge, Kästen und Tische, bis sich der erschöpfte Hausherr unter der Badewanne verkrochen hatte, vor der seine Jägerin vergeblich auf eine Fortsetzung des aufregenden Spiels wartete.

Nach dem Ausdruck des größten Bedauerns von seiten der verhinderten Pflegemutter durften wir unser Juwel wieder mit nach Hause nehmen.

Ich hatte meine Frau schon heißer geliebt. Obwohl ich ihr das deutlich vor Augen führte, schien es sie nicht weiter zu stören. Aufgrund fehlender Alternativen überließ sie der Katze für die Zeit unserer Abwesenheit das Vorzimmer als Aufenthaltsraum und bat einige Nachbarskinder, ihren Liebling fallweise zu betreuen.

Nach unserer Rückkehr betraten wir gespannt die Wohnung und sahen, daß die so schmählich Zurückgelassene wie erwartet ganze Arbeit geleistet hatte.

Die Knoten des Teppichbodens schienen zwar völlig planlos aufgelöst worden zu sein, die neuen Tapeten hingegen ergaben, in zahlreiche herabhängende Streifen geteilt, durchaus reizvolle Muster. Überstrahlt wurde dieses gewaltige Werk einer einzigen, kleinen, süßen Katze, nur mehr von elementaren Ausdünstungen wochenlanger notdürftiger Erleichterungen. Als ich mei-

ner Frau die ungefähren Renovierungskosten nannte,
zieh sie mich der herzlosen Gemeinheit gegenüber einer
gequälten Kreatur. Den Kampf um die Gunst meiner
Liebsten hatte ich da wohl endgültig verloren. Während
sich nämlich das abgefeimte Tier täglich stundenlang auf
meiner Frau räkelt und seinen Körper wahren Streichelorgien entgegenreckt, verhungere ich am ausgestreckten
Zeigefinger. Geht es nach meiner Gefährtin, wird sich
meine Lage noch weiter verschlechtern; soll doch unser
Tiergarten demnächst um einige Vögel erweitert werden. Selbstverständlich habe ich mich dagegen ausgesprochen und für den Fall einer weiteren Mißachtung
meiner Willensäußerung bereits das endgültige Verlassen der ehelichen Zweckgemeinschaft angekündigt.
Ich warte.

Konfliktträchtige Situationen

DER LIEBESBEWEIS

Als ich eines schönen Sommertages gemeinsam mit meiner Frau nach einem anstrengenden Tennisspiel das
herrliche Gefühl eines wohlig ermatteten Körpers
genoß, setzte es sich meine Liebste plötzlich in ihren
hübschen Kopf, mit ihren Kindern meine alte, einsame
Mutter zu besuchen. Ich gratulierte ihr zu dieser fami-
lienfreundlichen Haltung und freute mich über die seltene Gelegenheit, den verbleibenden Nachmittag unbe-
schwert im Kreise Gleichgesinnter verbringen zu können. Bevor mich meine Frau diesem angenehmen
Schicksal überließ, warnte sie mich fürsorglich vor einer

zu intensiven Einnahme alkoholischer Essenzen. Sie zwinkerte mir kurz zu, entwendete meinen fahrbaren Untersatz und brauste davon.

Daß ich dadurch die Möglichkeit verloren hatte, selbst über den Zeitpunkt meines Abganges entscheiden zu können, beunruhigte mich nicht außerordentlich. Konnte doch niemand von mir verlangen, einen beschwerlichen Fußmarsch heimwärts zu riskieren, vielleicht gar mitten in der finsteren Nacht. Von der Lust und Laune anderer Sportkollegen, die ihre Blechschüsseln noch zur Verfügung hatten, weitgehend abhängig, nützte ich die Gunst der Stunde und genoß in einer Horde von berauschten Männern die mitreißende Stimmung, als gebe es kein Morgen mehr.

Mitten in diese turbulenten Szenen hinein platzte eine telefonische Heimholungsaktion meiner noch vom Schwiegermutterbesuch animierten lieben Frau. Von dieser ohne Umschweife gefragt, ob ich die Adresse unserer gemeinsamen Wohnung vergessen hätte, reagierte ich, mit Tips von hemmungslos grölenden Menschen verschiedener Geschlechter versehen, mit der naheliegenden Gegenfrage, ob sie mich denn schon vermissen würde. Von Bravorufen für diesen Konter unterstützt und heftig akklamiert, harrte ich moralisch gestärkt der kommenden Dinge. Meine Liebste gab ihrem dringenden Bedürfnis, mich umgehendst in ihre ausgebreiteten Arme schließen zu können, zwar unüberhörbar Ausdruck, stellte es mir aber letztendlich frei, den Zeitpunkt meiner Heimkehr selbst zu bestimmen. Deutliche Unter- und Zwischentöne ließen mich den Ernst der Lage erkennen und zum Abzug blasen. Bei manchen seßhaften Sportfreunden hatte ich damit allerdings den letzten Kredit verloren. Durch meinen überstürzten Aufbruch war ich zahlreichen primitiven Attacken anhangloser Schwätzer ausgesetzt, deren Schmährufe noch lange in meinen Ohren gellten.

Von meiner weinseligen Stimmung längst befreit, schleppte ich mich, Böses ahnend, die Stufen zu unserer Behausung empor. Kaum war die Wohnungstür hinter mir ins Schloß gefallen, lief ich in ein wahres Trommelfeuer unhaltbarer Behauptungen. Es gipfelte im absurden Vorwurf, ich würde alkoholabhängige Männer ihrer charmanten Gesellschaft vorziehen. Erzürnt wies ich meine Liebste darauf hin, daß ich mehrmals versucht hätte, eine Mitfahrgelegenheit zu finden. Meine immer wiederkehrenden, stets sich in ihrer Dringlichkeit steigernden Bitten um baldige Heimkehr seien aber leider weitgehend ignoriert worden. Nur durch ständige Zufuhr zahlreicher Biere wäre es gelungen, meine darob aufgekommene innere Unruhe hinwegzuspülen.

Ohne auch nur auf die primitivsten Regeln der Höflichkeit zu achten, unterbrach meine Frau plötzlich meine Sachverhaltsdarstellung. Sie glaube mir kein einziges Wort. Vor die Entscheidung gestellt, zwischen ihr und meinen Saufkumpanen zu wählen, hätte ich mich doch eindeutig auf die Seite der letzteren geschlagen. Und das auch noch zum wiederholten Mal. Zwar hätte sie schon längst geahnt, welch ein Schuft ich sei, es aber nicht glauben mögen.

Da dieser heftige Ausbruch in mir lediglich eine ungeheure Verständnislosigkeit auslöste, versuchte ich – nach Unterdrückung aufkeimenden Ärgers – die verschobenen Ansichten meiner aufgelösten Gefährtin zurechtzurücken. Langsam und bewundernswert geduldig erklärte ich ihr, welcher Lächerlichkeit sie sich durch ihre abstrusen Ansichten ausgesetzt habe. Der angestellte Vergleich übertreffe die absurden Versuche, Äpfel und Birnen einer Gemeinsamkeit zu bezichtigen, noch um Lichtjahre.

Doch alle Versuche, meine Liebste von der Haltlosigkeit ihrer Anschuldigungen zu überzeugen, verpufften leider wirkungslos. Auch mein Einwand, nach ihrem Notruf doch nur ihr zuliebe augenblicklich heimgekehrt zu sein, fand vor den Augen meiner verhärmten Partnerin keine Gnade; ja, er verschlimmerte noch alles: Mein egozentrisches und verantwortungsloses Verhalten, sie stundenlang in ihrer Einsamkeit verdorren zu lassen, sei schon verwerflich genug. Daß ich aber offensichtlich selbst kein Bedürfnis gespürt hatte, in ihrer Nähe zu sein, sei einfach unverzeihlich. Vermutlich hätte ich sie niemals wirklich geliebt.

Obwohl ich dieser Sequenz verständnislos gegenüberstand, versuchte ich, eine weitere Eskalation zu verhindern und versicherte meiner aufgewühlten Gefährtin, ich hätte nicht einmal im Traum daran gedacht, daß sie sich so nach mir sehnen könnte. Wenn es für sie schon von solch eminenter Bedeutung sei, würde ich als Zeichen meines guten Willens beim nächsten Mal eben früher heimkommen.

Zu Recht hatte ich mir für meine tolerante und verständnisvolle Haltung begeisterte Zustimmung erwartet, erntete damit bei meiner Liebsten aber lediglich einen Sturm der Empörung: Ich hätte wieder einmal nichts, aber auch schon gar nichts begriffen. Entweder läge es am fehlenden Willen oder am mangelnden Denkvermögen, beides sei jedoch gleich schlimm. Sie habe jedenfalls keine Lust mehr, den Rest ihres Lebens damit zu verbringen, mich vergeblich in die Geheimnisse ihres Gefühlslebens einzuweihen. Sprach's und verließ die Stätte der fruchtlosen Auseinandersetzung.

Ratlosigkeit und Überforderung machten sich in mir breit und verflüchtigten sich lange nicht.

DIE ÜBERFORDERUNG

Aufgrund ihrer ausgeprägten Neigung zum Individualismus haßt meine Frau konventionelle Lösungen und besteht daher auf einem Zahnarzt weit außerhalb unserer Stadt. Schlägt der Kariesteufel zu, wird mir sogleich der vergnügliche Auftrag erteilt, meinen Kindern die nötige Lustreise schmackhaft zu machen, derweilen sich meine Liebste in Ruhe auf ihre unterrichtliche Tätigkeit vorzubereiten pflegt. Obwohl solch ein Arztbesuch an sich keine herausragende Leistung in meinem an Höhepunkten reichen Leben darstellt, möchte ich es nicht unerwähnt lassen, daß meine ältere Tochter an einer ausgeprägten Dentistenphobie leidet, seit sie meine Frau mehrmals als entsprechendes Vorbild erleben durfte.

Als wieder einmal die Stunde der Wahrheit kam und meine Kleine vor dem Doktor den Mund öffnen sollte, enttäuschte sie meine Erwartungen nicht. Die Lippen fest zusammengepreßt und haltlos schluchzend, weigerte sie sich standhaft, einem fremden Mann tieferen Einblick in ihre Zahnruinen zu gewähren. Unter Hilfeleistung mehrerer Assistentinnen und anderer Mitarbeiter, nebst einigen kleinen Drohungen von meiner Seite, gelang es nach mehreren Anläufen doch noch, meine Tochter zur nötigen Mitarbeit zu überreden. Schweißgebadet trat ich die lange Rückfahrt an, um nach Durchqueren einer Schlechtwetterfront endlich unser Heim zu erreichen.

Kaum hatte ich mit der Hoffnung, von meiner Liebsten für die nachmittägliche Gewalttour Dank und Anerkennung entgegennehmen zu dürfen, die Wohnung betreten, traf ich auf eine unübersehbar erschöpfte Frau, die nicht einmal mehr die Kraft aufbrachte, den gewöhnlichen Willkommensgruß zu entrichten. Da ich es wagte, auf dieses Versäumnis hinzuweisen und zugleich von meinen heroischen Leistungen in den zahnärztlichen Gefilden berichtete, kam es zu heftigen Gefühlsaufwallungen meiner ausgelaugten Gefährtin. Sogleich ließ sie mich wissen, daß ihre Zeit zu kostbar sei, um mir das gewünschte Mitleid entgegenzubringen. Für meine Form der Beschwerde sei nach wie vor lediglich das Salzamt zuständig. Diese Auskunft stellte mich verständlicherweise nicht ganz zufrieden. Ich änderte daher meine bisherige Beweisführung und schlug meiner Liebsten vor, noch einmal in Ruhe über die Notwendigkeit ihrer Berufstätigkeit nachzusinnen. Schließlich wirke sie in letzter Zeit häufig überfordert. Nur meine rasche Flucht ersparte meiner unbeherrschten Frau eine Anzeige wegen schwerer Körperverletzung.

KRITIK BELEBT DIE SINNE

Bekanntlich kommt der Mensch in seiner persönlichen Entwicklung kaum voran, hat er nicht das Glück, einen eigenen Kritiker zu besitzen. Da selbst ich das eine oder andere noch dazulernen kann, bat ich meine liebe Frau, einige – meiner Meinung nach exzellent geschriebene –

105

Seiten meines Manuskriptes zu beurteilen. Natürlich hatte ich mit ihrer begeisterten Zustimmung zu meinen wohldurchdachten Formulierungen gerechnet. Doch während ich sie beim Lesen beobachtete, kamen mir langsam echte Zweifel, ob ich gut daran getan hatte, mich ihr auf diese Weise schutzlos auszuliefern. Obwohl ich um ihre weitgehende Humorlosigkeit wußte, war ich doch sehr erstaunt, in ihrem strengen Gesicht nicht das winzigste Anzeichen eines Schmunzelns zu entdecken.

Ohne auch nur ein Wort des Lobes zu verlieren, meinte die Gute trocken, meine hochliterarischen Ergüsse seien lediglich für die Schublade geeignet.

Diese schwindlige Attacke traf mich nicht sehr; hatte sich meine Frau doch durch ihre unsachlichen Äußerungen eben als ahnungslose Ignorantin selbst disqualifiziert. Als sie mir aber in ihrer Unverfrorenheit auch noch einige Tippfehler als schwere Verstöße gegen die Rechtschreibung unterjubeln wollte, wurde ich meiner aufsteigenden Empörung nicht mehr Herr. Der angemessene Konter fiel leider einer tiefen Sprachlosigkeit zum Opfer. Es dauerte Monate, bis ich es endlich schaffte, meine Frau ob ihrer gefühllosen Kritik ernsthaft zu rügen.

Diese aber dachte gar nicht daran, deshalb in sich zu gehen. Vielmehr nützte sie die Gelegenheit, um mir grenzenlose Überempfindlichkeit zu attestieren. Noch in mein unendliches Staunen hinein stieß meine Liebste gnadenlos nach und warf mir ernsthaft vor, selbst Karl Kraus sei gegen mich ein Waisenknabe. Würde ich doch prinzipiell an allem und jedem herumnörgeln.

Geschockt und weidwund geschossen, hatte ich nur mehr den Wunsch, diese äußerst unangenehme Auseinandersetzung einem baldigen Ende zuzuführen. Ohne auch nur in einem Satz zu erwähnen, wie konstruktiv und sachlich ich meine Partnerin im allgemeinen auf kleinere Fehler hinzuweisen pflege, zog ich mich schweigend zurück.

DER ZÜNDENDE FUNKE

Da auch meine Frau unter der Doppelbelastung von Hausarbeit und Berufstätigkeit leidet, bemühe ich mich stets, sie soweit wie möglich zu unterstützen. Wegen meines fehlenden Gefühls für adäquates praktisches Handeln, passieren mir leider immer wieder gravierende Fehler, die meine mit beiden Beinen im Leben stehende Gefährtin über den Rand der Verzweiflung katapultieren.

Um meine überforderte Frau zu entlasten, hatte ich nach einem herrlichen Badeausflug die noch feuchten Utensilien entsorgt, wobei ich den unbenutzten Bikini meiner Liebsten auf einem kleinen Holztischchen zur Zwischenlagerung plazierte. Kaum hatte ich mich nach getaner Arbeit guten Gewissens zurückgezogen, hörte ich durch die geschlossene Tür zum Vorzimmer meine Frau empört aufschreien, welcher Idiot denn ihren nassen Badeanzug auf das empfindliche Möbel gelegt habe. Übles schwanend, stürzte ich sofort an den Tatort, wo mir meine zornbebende Gefährtin die Leviten las: Hunderte Male habe sie mich gewarnt, aber ich sei offensichtlich geistig unterentwickelt und daher nicht in der Lage, ihren Anweisungen zu folgen. Anschließend beschuldigte sie mich auch noch, diese unverzeihliche Tat vorsätzlich begangen zu haben.

Natürlich stand ich wie ein Mann zu diesem schwerwiegenden Vergehen, hatte aber nicht das Gefühl, etwas Unrechtes gemacht zu haben. War doch gerade das corpus delicti von mir mehrmals auf seine absolute Trockenheit überprüft und nicht eine angefeuchtete Stelle ertastet worden. Daß ein unbenützter Badeanzug Nässe an ein altes Holztischchen weitergegeben haben sollte, widersprach überdies allen Gesetzen meiner männlichen Logik. Abgesehen davon hatte ich das gute Stück mitsamt seiner aufgeworfenen Oberfläche von meiner Großmutter geerbt und hätte es daher auch jederzeit zu Kleinholz verarbeiten können.

Obwohl ich mehrmals versuchte, dieses Faktum meiner hochgradig erzürnten Liebsten unterzujubeln, fuhr diese fort, ihre seitenlange Anklageschrift zu verlesen. Während ich noch in der Defensive war und verzweifelt versuchte, meine Verteidigungslinie zu finden, betrat meine Mutter in Begleitung meiner jugendlichen Nichte die Szene. Da ich in diesem Moment bei meinen nächsten Verwandten sicher keinen guten Eindruck gemacht hätte, zog ich mich umgehend ins Schlafzimmer zurück, nicht ohne die Staatsanwältin von meinem berechtigten Unmut ob dieser entwürdigenden Behandlung in Kenntnis zu setzen. Davon weitgehend unbeeindruckt, begrüßte meine Frau unsere Gäste und informierte sie gleich bereitwilligst über meine Wahnsinnstat.

Darob berechtigt verhärmt, beschloß ich bebenden Herzens, diesmal ein Exempel zu statuieren. Erstmals würde ich mich nicht nur nicht entschuldigen, sondern vielmehr einen Rollentausch vornehmen und mich selbst als Beleidigten präsentieren. Nachdem ich mir intensiv Mut zugesprochen hatte, hart zu bleiben, plante ich, mich so lange den Besuchern zu verweigern, bis sich meine Frau aufraffen würde, mich ob ihres unberechtigten Ausbruches um Vergebung zu bitten. Doch so sehr ich auch auf diesen Canossagang hoffte, er wurde nicht Wirklichkeit. Um nicht als vollkommen unhöflich zu gelten, mußte ich nach einiger Zeit des vergeblichen Wartens mein Refugium verlassen und unseren Gästen, mühsam lächelnd, einen guten Tag wünschen.

Taktische Maßnahmen

Bekanntlich demonstrieren viele Männer in partnerschaftlichen Konfliktsituationen selten wirkliche Kompetenz. In ihrer Hilflosigkeit entschließen sie sich oft allzu rasch, den Säbel aus der Scheide zu reißen und rundherum alles in Stücke zu hauen. Zum Glück gibt es aber auch lebenspraktisch etwas flexiblere Naturen, die meisterhaft das Florett zu führen verstehen.

Einer meiner Bekannten zeigte sich dabei als wahrer Könner. Wie die meisten von uns Männern rund um die Uhr damit beschäftigt, ihrer parasitären Familie ein standesgemäßes Leben zu ermöglichen, ohne dies von seinen Angehörigen entsprechend geschätzt zu sehen, hatte er leider kaum Gelegenheit, sein trautes Heim richtig zu genießen. Kam er aber trotz seiner zahlreichen Verpflichtungen ab und zu auf einen Sprung nach Hause, um in den Armen seiner Frau Erholung zu suchen und gestärkt weitere drängende Aufgaben in Angriff nehmen zu können, mußte er sich oft lebhaften Diskussionen über die Sinnhaftigkeit seines rastlosen außerhäuslichen Einsatzes stellen.

Seine durch windelsüchtige Kleinkinder ans Haus

gefesselte Ehefrau sehnte sich verständlicherweise nach einer Befriedigung ihres überquellenden Mitteilungsbedürfnisses. In ihrer Not versuchte sie daher, ihren kurzfristig heimgekehrten Partner ob seiner häufigen Abwesenheit zu attackieren und ihm ein schlechtes Gewissen einzupflanzen. Trotz seines uneigennützigen Einsatzes für seine Lieben auf diese Weise unfair in die Enge getrieben, gelang es diesem Beziehungskünstler, dieser verfahrenen Situation recht elegant zu entfleuchen. Möglichst sachlich und äußerlich ruhig, aber doch merklich getroffen, wies er seine fordernde Gattin darauf hin, wie sehr er sich abgerackert hätte, um mit ihr wenigstens einige gemeinsame Minuten genießen zu können. Dieser für ihn völlig unerwartete kritische Empfang enttäusche ihn sehr. In Zukunft werde er es sich jedenfalls schwer überlegen, in den kurzen Pausen zwischen seinen wichtigen Terminen, überhaupt noch nach Hause zu sprinten. Nach diesen schwerwiegenden Sätzen stand er sogleich auf und verließ schweigend die gemeinsame Wohnung. Seine ausgekonterte Frau aber blieb verwirrt zurück.

Gehören Sie, liebe Leserinnen, nicht zu jenen seltenen Paaren, in welchen der Mann der intelligentere Teil ist, können Sie die eben beschriebene Offensive problemlos erfolgreich zurückschlagen.

Vermeiden Sie in einem ähnlichen Fall unbedingt jedwede Form einer vorwurfsvollen Haltung.

Begrüßen Sie stattdessen Ihren nur kurz daheim vorbeischauenden Kostgänger freudig überrascht. Scheuen Sie auch nicht davor zurück, ihn in der verbleibenden Zeit intensiv zu betreuen, zu streicheln und zu liebkosen.

110

Vor allem aber: Bedauern Sie Ihren armen Mann wortreich ob seines aufreibenden Lebensstils, um ihm zugleich vom genußreichen Dahinräkeln auf der Daunenliege vorzuschwärmen. Glauben Sie mir, es gibt nur wenige Herren der Schöpfung, die das, zumindest nachdem sie fortgegangen sind, nicht nachdenklich macht.

Aber auch innerhalb eines ehelichen Streitgesprächs gibt es viele Möglichkeiten, um in kritischen Situationen das drohende K. o. zu verhindern und ein scheinbar schon verlorengegangenes Duell für sich zu entscheiden. Wohl jeder Mann hat schon versucht, seiner aufgebrachten Partnerin unlogische Argumentation vorzuwerfen.

Mit dieser stillosen Vorgangsweise werden Sie heute keine einzige aufrecht gehende Frau in Verlegenheit bringen können. Falls Ihre Kontrahentin nicht völlig inkompetent ist, wird sie ohne Mühe dagegenhalten und Sie der Herzlosigkeit und des fehlenden Einfühlungsvermögens bezichtigen. Ich persönlich habe mit der gezielten Infragestellung häufig im Zustand emotionaler Erregung ausgestoßener Begriffe relativ gute Erfahrungen gemacht, die ich Ihnen nicht vorenthalten möchte, obwohl ich nun gezwungen bin, für meine kommenden partnerschaftlichen Auseinandersetzungen andere Alternativen zu entwickeln.

Schleudert Ihnen Ihre Liebste zornigen Blicks Tiraden von Klagen über Ihr jahrelanges Fehlverhalten vor die Füße, leisten Sie sich ruhig das Vergnügen, die Inhalte, die Sie sowieso schon längst kennen, zu überhören. Achten Sie vielmehr genau auf Vokabeln wie „immer, jedesmal, ausnahmslos, dauernd" und „nie"! Hat Ihre Partnerin eben apodiktisch behauptet, Sie würden „immer" herumgranteln, „jedesmal" Ihre Socken ins Bidet werfen, „ausnahmslos" tun, was Sie wollen, „dauernd" nach dem Biertrinken rülpsen und „nie" mit ihr ins Theater gehen, haben Sie die Möglichkeit, Ihrer jammernden Frau in zahlreichen Beispielen die Unsinnigkeit dieser Behauptungen nachzuweisen.

Damit ist die Vertreterin der Anklage in den wichtigsten Punkten entscheidend geschwächt. Sollten Sie eine besonders clevere Kontrahentin in Ihre Behausung aufgenommen haben, die sich durch Ihre taktische Meisterleistung unerwarteterweise nicht irritieren läßt, brauchen Sie dennoch nicht zu verzagen. Auch Damen mit solchen Nehmerqualitäten sind nämlich meist zu heftig erregt, um auf Ihren Nachschlag einigermaßen gefällig reagieren zu können. Bitten Sie Ihre Liebste, sie möge doch, anstatt sehr allgemein gehaltener, unspezifischer Jammereien, ganz konkrete Beispiele anführen. Löst Ihre Frau diese nahezu unlösbare Aufgabe wider jede männliche Logik dennoch, ist sie Ihnen weit über. In diesem Fall rate ich Ihnen dringend, sich lieber eine andere Gegnerin zu suchen. Ich selbst inseriere bereits seit längerer Zeit in allen Zeitungen in der Rubrik „Wer will mich?", bis jetzt leider vergeblich.

Da mir manchmal absolut nichts mehr einfällt, bin ich gezwungen, mich einer äußerst diffizilen psychologischen Methode zu bedienen. Nach einer wirkungsvollen Nachdenkpause grabe ich ein Gefühl des Verletztseins aus und weise meine Frau in mehrfachen Wiederholungen bedrückt darauf hin, daß diese Situation aus meiner Sicht nun einmal so sei, wie ich sie empfände und wahrnehme. Daran ließe sich nun einmal nichts ändern und das müsse selbst sie akzeptieren.

Greifen Sie aber nur in äußersten Notfällen zu die-

sem Rettungsanker, fehlt doch bei solch einem
Abschluß jedwedes Siegesgefühl.

Aussprachen und andere Versöhnungsangebote

Wie weiter oben beschrieben, habe ich die für jede Partnerin erfreuliche Gabe, ja den Zwang, nach disharmoni-
schen Diskussionen über familienpolitische Probleme,
unabhängig von der Schuldfrage, die nötigen Schritte zur
Versöhnung in die Wege zu leiten. Da meine Frau mir
dabei nicht im Wege stehen möchte, sind in ihrem Verhaltensrepertoire Varianten des Entgegenkommens
nicht vorgesehen. Die überaus vorsichtigen Annähe-
rungsversuche meinerseits besitzen offensichtlich nicht
den Charakter des Unwiderstehlichen und scheinen wirkungslos zu verpuffen.

Darob dem Gefühl einer hilflosen Ohnmacht ausgeliefert, verlieren sich meine Gedanken manchmal in
absurden Spiralen. Habe vielleicht auch ich, obwohl
ohne Zweifel im Recht, einen Anteil an den atmosphäri-
schen Störungen der ehelichen Harmonie?

Aufgrund meiner außerordentlichen Sensibilität passiert es mir im Anschluß an solche Überlegungen häufig,
von aufsteigenden Zweifeln an der Richtigkeit meines
gesamten Lebenskonzeptes überwältigt zu werden.
Nachdem sich dadurch die strategische Lage meiner ehelichen Kontrahentin ohne deren direktes Zutun deutlich
verbessert, kommt es manchmal zu einer eklatanten Ver-
schiebung des Gleichgewichts der Stärke. Innerlich völ-

lig verunsichert, weiß ich oft nichts Besseres, als meine schmollende Partnerin am nächsten Tag in einem Meer von Blumen zu ertränken. Dabei nehme ich es sogar in Kauf, daß solch eine Geste als Schuldbekenntnis aufgefaßt werden könnte.

Nicht immer aber habe ich die Kraft für diese auszehrenden Initiativen von Aussprachen, sondern versuche manchmal, trotz anderweitiger Appelle vieler Eheberater, den Konflikt einfach wegzuschlafen. Und wirklich scheint sich oft am nächsten Morgen der Zwist in Luft aufgelöst zu haben. Allzu trügerisch erweist sich anschließend die scheinbar wieder eingekehrte Ruhe und Eintracht, tickt doch im Inneren dieses Zustandes eine Zeitbombe, die eines Tages für mich völlig unerwartet, durch einen kleinen, harmlosen Auslöser gezündet, in meinem labilen Gefühlsleben grandiose Verwüstungen anrichtet.

Obwohl Psychologen häufig auf die Fruchtbarkeit ehelicher Auseinandersetzungen hinweisen, fühle ich mich mit zunehmendem Alter immer weniger in der Lage, diesen zermürbenden Versöhnungsritualen den nötigen Tribut zu zollen. In meinem Bestreben, Disharmonien schon im Anfangsstadium ihren Nährboden zu entziehen, lasse ich mich manchmal zu Aktionen verleiten, die am Rande des Wahnsinns beheimatet sind.

Als ich eines Nachmittags im Begriffe war, die eheliche Wohnung zu verlassen, wurde meine Liebste gerade von ihrer monatlichen Putzsucht geschüttelt. Im Rahmen dieses schweren Anfalls rieb und scheuerte sie alle beweglichen und unbeweglichen Teile unserer Küche, als wollte sie Mikroben, Asseln und Ohrenschliefer für alle Zeiten rückstandsfrei vernichten. Da ich mich nach der Zufuhr alkoholischer Essenzen in leicht euphorischer Stimmung befand, ritt mich der Teufel, und ich versprach meiner auf der Leiter hängenden Reinlichkeitsfanatikerin, ihr am Ende ihrer Putzsequenz einen Brillantring zu schenken. Schließlich hätte sie mit ihrer Tätigkeit Essentielles für die Gesundheit ihrer Familie geleistet und damit eine adäquate Belohnung verdient.

In meinem Ausnahmezustand wiederholte ich dieses Angebot sogar noch mehrmals. Klarerweise fühlte sich meine mißtrauische Liebste unehrenhaft auf die Schaufel genommen und beschuldigte mich merklich verärgert der vorsätzlichen Roßtäuschung. Nachdem sie mich als unverbesserlichen Alkoholiker und charakterlosen Märchenonkel beschimpft und mir mit einer kochfreien Woche gedroht hatte, verzog sie sich heftig grollend ins Schlafzimmer.

Um die spannungsgeladene Atmosphäre zu entgiften und meine Seelenruhe wiederzufinden, fuhr ich augenblicklich zu meinem Geldinstitut, hob meine langjährigen Ersparnisse ab und erstand beim nächsten Juwelier einen strahlenden Brillantreif. Als ich, ob meines unbedachten Verhaltens um Vergebung heischend, meiner schmollenden Frau das Kleinod übergab, schien sie im ersten Moment zwar etwas erstaunt, nahm meine ruinöse Form der Entschuldigung aber an, indem sie mich leicht auf die Stirn küßte.

Leider konnte meine Liebste trotz meiner Warnungen nicht darauf verzichten, einige ihrer Bekannten triumphierend über meine Form der Konfliktlösung zu informieren. Deren Ehemänner halten mich inzwischen für völlig verrückt.

Die Bewältigung des Alltages

Wer leistet mehr?

Da mein rastloser Einsatz in der Partnerschaftsarena überhaupt nicht geschätzt wird, leide ich seit Anbeginn unserer ursprünglich vielversprechenden Beziehung unter einem chronischen Mangel an Anerkennung. Höre ich vielleicht jemals lobende Worte, welch heroische Tat ich vollbringe, wenn ich, ohne zu klagen, täglich die aus fernen Landen eingeführten braunen Bohnen zermalme und in kurzer Zeit ein exzellentes Gebräu schaffe, dessen Animo erst die Bewältigung des kommenden Tages ermöglicht? Wohl jeder im Haushalt engagierte Ehemann wird meinen Wunsch verstehen, für diesen grandiosen kuisinalen Wurf eine winzige Andeutung eines Lobes entgegennehmen zu können. Ob der ständigen Mißachtung meiner Bemühungen jedweder Motivation entkleidet, begebe ich mich jeden Morgen auf die Suche nach dem Sinn.

Ansatzlos und ohne jede Vorwarnung werde ich von einer dieser teuflischen Weckvorrichtungen gerade aus jenen Stunden gerissen, die uns gnädig vergessen lassen, daß wir existieren. Während ich mich voll Ingrimm und unverdauter Wut frage, wer denn das Aufstehen eigentlich erfunden hat, kümmert das meine Liebste herzlich wenig. Der Härte des Morgengrauens noch entrückt, hingeworfen in die im Ausverkauf erstandenen Laken, seufzt sie nach dieser unnötigen Störung lediglich einmal kurz auf, um gleich wieder in ihren Träumen zu versinken.

Mit meinem unbarmherzigen Schicksal hadernd, verkrieche ich mich bis zum letztmöglichen Zeitpunkt in den heimeligen Federn. Endlich wälze ich mich deprimiert von meiner Liegestatt, den unbarmherzigen Zwängen des Erwerbslebens gehorchend. Mit knackenden Gelenken, überdehnten Sehnen und angerissenen Bändern taumle ich an meiner süßen Nochschläferin vorbei und schließe betont zärtlich die Tür, will ich doch nicht als tölpelhafter Störer der Morgenruhe gebrandmarkt werden. Unbeschreiblich verloren, mit mir völlig uneins, stehe ich in einer Küche, die nicht mein Reich ist und mir nur eine überquellende Fremdheit vermittelt, entwurzelt da und bereite mir selbst das Frühstück. Wahrlich, es gibt keine größere Einsamkeit. Ich, ein Mann und Besitzer einer Frau, als wäre ich ledig, als hätte ich nichts!

Während ich noch halb bewußtlos der desillusionierenden Wirklichkeit einer krankmachenden Kleinfamilie entgegentorkle, kaum in der Lage, meinen aufgerauhten Lippen auch nur ein zusammenhängendes Wort zu entreißen, räkelt sich meine bittersüße Gefährtin in der Bettwäsche, als wäre alles rechtens! Obwohl ich wahrscheinlich der einzige Vertreter unseres Geschlechtes bin, der solch demütigenden Erlebnissen ausgesetzt ist, hat es meine Frau in all den gemeinsamen Jahren noch immer nicht begriffen, daß sie den besten aller möglichen Ehemänner an sich gerissen hat.

Die Aufteilung
der gemeinen Hausarbeit

Eines schönen Nachmittags rügte mich meine Frau ernsthaft, daß sie die ganze Hausarbeit allein machen müßte, obwohl wir seinerzeit eine gerechte Aufteilung geplant hatten. Ich will auch nicht leugnen, meinen Willen zur Mitarbeit im Haushalt kundgetan zu haben, wenn ich auch damals noch jung und idealistisch gewesen bin. Schließlich denke ich sehr partnerschaftlich und habe für berechtigte Anliegen überforderter Frauen sehr viel Verständnis.

Zum Glück zählt meine Liebste nicht zu diesen bedauernswerten Geschöpfen, hat sie doch als Lehrerin Unmengen an Zeit. Aber Sie wissen ja zur Genüge, wie Pädagogen sind. Sie genießen zwar alle Vorteile eines Halbtagsjobs, verleugnen aber bedenkenlos die Realität und behaupten, sie müßten sich täglich stundenlang auf ihren Unterricht vorbereiten. Das mag glauben, wer möchte. Gut, am Anfang mag das noch zutreffen, aber nach einigen Jahren haben es auch die Dümmsten unter ihnen begriffen und alles auswendig gelernt.

Nach dem Lesen der folgenden Geschichte werden Sie mir sicher zustimmen, daß ich zu Unrecht der häuslichen Untätigkeit beschuldigt werde.

An einem hohen Feiertag lag ich völlig entspannt und ohne viel nachzudenken auf meiner Sitzbank im Wohnzimmer. Plötzlich stand meine Frau auf und verließ wortlos das Zimmer. Wenig später wurde ich durch das schreckliche Getöse eines aufheulenden Staubsaugers aufgeschreckt. Für mich als überaus musischen Menschen eine wahrhaft schmerzhafte Verletzung meiner empfindlichen Gehörgänge. Noch aber war ich nicht am Ende meines unglaublichen Leidensweges. Als ich nach dieser fürchterlichen Tortur auf eine Wiederherstellung der ursprünglichen Ruhe hoffte, wurde ich bitter enttäuscht, präsentierte sich meine Frau doch nun als einziges Mitglied einer Putzkolonne.

Obwohl mir der Zeitpunkt dieser Säuberungsaktionen wegen des Feiertages und der mittäglichen, gesetzlich vorgeschriebenen Ruhezeit, eher ungünstig angesetzt schien, sah ich keine Möglichkeit, meine Frau von ihren Plänen abzubringen. Hätte sie mich doch einfach über den Haufen gesaugt oder weggeputzt. Durch die ständigen Bombardements von Frauenzeitungen für feminine Angelegenheiten schon äußerst sensibel geworden, entschloß ich mich, meine Liebste zumindest einmal zu befragen, was sie denn so lange tue und warum sie den Putzfetzen meiner charmanten Gesellschaft vorzöge. Da meine Frau aber während ihrer Scheuertätigkeit, die sie sehr ernst nimmt und mit akademischer Qualität auszuüben pflegt, grundsätzlich nicht ansprechbar ist, verzichtete ich schweren Herzens auf jeden Dialog. Umso unerwarteter trafen mich daher die heftigen Vorwürfe ob meiner Ignoranz der häuslichen Pflichten. Aufgrund meines Schockzustandes war ich nicht in der Lage, eine brauchbare Entgegnung zustandezubringen, sondern wies lediglich darauf hin, daß mich der angeblich nicht zu übersehende Dreck kaum besonders gestört hätte. Schließlich entspricht es meiner äußerst toleranten Art, solche Kleinigkeiten zu übersehen. Da ich außerdem einer der größten und begnadetsten Sauger im ganzen Bezirk bin, hätte ich jedweden Schmutz am folgenden Tag in einem Schwung hinweggefegt.

Wenn meine Stunde gekommen ist, und meine Frau mit dem Kommando „Staubsauger frei" den Putzsamstag feierlich eröffnet, bin ich kaum mehr zu halten. Nicht nur, daß ich den Großteil unserer vielräumigen Wohnung von jedwedem Dreckmolekül gnadenlos befreie, nein, es gibt, wohl kaum vorstellbar, noch weitere Steigerungen. Sollten Sie Interesse an einer Wohnzimmersterilisierung haben, lade ich Sie herzlich zu einer Livevorführung meiner samstäglichen Saug-Raserei ein.

Bitte unbedingt nichtfusselnde Patschen mitbringen!

Den Höhepunkt meiner haushältlichen Arbeitsleistung stellt aber ohne Zweifel das Abstauben dar. Während andere Zimmer wochenlang unbeachtet vor sich hinstauben müssen, arbeite ich im Wohnzimmer leidenschaftlich daran, alle toten Gegenstände vom lebendigen Staub zu befreien. Besondere Freude macht es mir dabei, die durch das wirbelnde Tuch aufgestörten Staubpartikel zu beobachten, wie sie in lichte Höhen aufsteigen, um sich kurze Zeit später mit Genuß wieder auf ihren angestammten Plätzen niederzulassen.

Mit neidischem Blick verfolge ich manchmal jene glücklichen Wohnungsbesitzerinnen, die sich an einer der interessantesten und beglückendsten Varianten der hausarbeitlichen Möglichkeiten delektieren, indem sie oft schon früh am Morgen ihre Jalousien in einen absolut neuwertigen und ausstellungsreifen Zustand bringen. Trotz meiner zahlreichen Bitten hat es mir meine Frau nicht gestattet, auch nur einmal diesen Olymp der Hausarbeit zu erklimmen. Noch habe ich aber die Hoffnung nicht ganz aufgegeben.

Für einen ungelernten Hausmann ist es auch sonst nicht leicht, als gleichberechtiger Mitarbeiter anerkannt zu werden. Viele meiner ehrlichen Bemühungen werden von unbedachten Äußerungen meiner anspruchsvollen Frau zunichte gemacht, die aufgrund ihrer großen Erfahrung und Begabung Maßstäbe anlegt, denen ich leider nur selten im gewünschten Ausmaß genügen kann.

Nachdem ich endlich das Zusammenlegen und Wegräumen meiner Socken gelernt und an dieser Tätigkeit große Freude gewonnen hatte, gelang es meiner kleinlichen Gefährtin, mir die Begeisterung für diese durchaus fordernde Aufgabe zu rauben. Weil in dem einzigen Kasten, der meiner Selbstverwaltung unterstellt ist, einzelne Socken auftauchten, deren Pendants für mich unauffindbar waren, kritisierte sie mich kürzlich überaus heftig.

Hätte ich die vereinsamten Einzelteile vielleicht der Müllabfuhr übergeben sollen?

Überhaupt verstehe ich oft meine kleine Hausmännerwelt nicht mehr. Was ich auch angreife, ich mache es falsch. Beim Geschirrspülerentleeren presse ich die Teller zu nahe zusammen und begrapsche die Gläser an den falschen Stellen, während ich regelmäßig vergesse, daß die Löffelköpfe in der Bestecklade unbedingt in die gleiche Richtung zu starren haben.

Das sind aber nicht die einzigen Hürden, die ich zu bewältigen habe. Fast immer pflege ich am Problem der korrekten Lagerung unserer Stehleiter zu scheitern. Zwar nehme ich mir jedesmal ernsthaft vor, die richtige Stellung genau zu behalten, doch komme ich nach getaner Arbeit mit der Aufstiegshilfe in den Abstellraum zurück, habe ich wieder keine Ahnung mehr, wie dieses verdammte Ding normgerecht zu versorgen ist. Zu fragen wage ich verständlicherweise nicht mehr, um nicht als schwachsinnig zu gelten. Prompt höre ich jedesmal wenige Minuten später schon den entsetzten Aufschrei meiner Liebsten, welcher Idiot denn noch immer nicht begriffen hätte, wie die Leiter hinzustellen wäre.

Den Dreh mit der Leiter könnte ich mir eines Tages durch fleißiges Üben vielleicht doch noch merken. Erschwerend kommt aber dazu, und macht das Ganze für mich fast unlösbar, daß auch der am gleichen Ort zu verwahrende Staubsauger, ein Gerät, das ich an sich wirklich gut beherrsche und mit dem ich auch schon große Erfolge erzielt habe, zwei Seiten hat, von denen leider nur eine die richtige ist.

Zum Glück habe ich noch zwei Kinder, die ich ab und zu der unrichtigen Verwahrung dieser beiden Teufelsgeräte bezichtigen kann.

Das Drama mit dem Bügeln

Am schlimmsten aber ist die Zeit des Bügelns; komme ich dabei doch oft schwer unter die Räder, ohne irgend etwas getan zu haben. Zu dieser technisch anspruchsvollen Tätigkeit kann ich nämlich leider nichts, aber auch schon gar nichts beitragen. Zumindest behauptet das meine Frau, obwohl ich mich noch nie geweigert habe, nach entsprechender Aufforderung die notwendigen Kleiderhaken heranzuschleppen. Da sie sich dafür nie bedankt, habe ich inzwischen schon die Freude am Helfen verloren.

Auch das muß einmal gesagt werden.

Während also meine Frau unter dem Zischen des

dampfenden Eisens undamenhaft fluchend mit meinen Hemdsärmeln kämpft, liege ich auf der Couch, sehe fern oder lese etwas.

Ein Freund von mir, übrigens auch Psychologe und, wie ich, mit einer Lehrerin unter einem Dach, zeigt sich in dieser Hinsicht sehr fortschrittlich und bringt seine Hemden mit Hilfe einer des Plättens mächtigen Haushaltsmaschine selbst in Form. Ich halte das für eine großartige Idee und sehe darin eine starke Entlastung der normal bügelnden Frau, kann mir aber noch eine Maschine im Haushalt nicht leisten.

Außerdem pflegen meine Hemden wundervoll nach den fleißigen Händen meiner Liebsten zu duften. Niemals könnte mir eine Maschine solch eine Tragefreude vermitteln.

Andererseits muß ich ständig damit rechnen, den überreizten Nerven meiner bügelnden Frau zum Opfer zu fallen.

Als ich einmal nach einem anstrengenden Tennisnachmittag abends total erschöpft vom einsatzreichen Spiel heimkam, durch das Verarbeiten in den Körper eingedrungener alkoholischer Durstlöscher zusätzlich belastet, war die Spannung zum Greifen nahe.

Obwohl es mir mit heroischer Selbstüberwindung gelang, mit einem Lied auf den rauhen Lippen, meinem am Bügelbrett ihre hohe Kunst des Faltenvernichtens zelebrierenden Eheweib freundlich entgegenzutreten, mußte ich mich durch einen wahren Hagelsturm verbaler Frustrationsäußerungen durchkämpfen, ehe ich meine müden Glieder auf der Couch zur verdienten Ruhe betten konnte.

Wer das unsinnige Sprichwort mit dem Echo und dem

124

Wald kreiert hat, hat leider keine Ahnung. Entweder war dieser Mensch völlig unsportlich, bar jeder sinnvollen Freizeitgestaltung und unverheiratet, oder er trug nur ungebügelte Hemden.

Da ich fürchtete, meine liebe Frau würde über kurz oder lang in ihrem hübschen Gesicht Spuren der Überarbeitung zeigen, ließ ich, ohne Mühen und Kosten zu scheuen, eine Bügelmamsell ins Haus kommen.

Diese, eine etwas einfache, aber durchaus akzeptable junge Frau, führte die von meiner Liebsten so verabscheute Tätigkeit ruhig und bestimmt gegen ein erfreulich geringes Entgelt aus. Sie behauptete sogar, Bügeln sei für sie eine Bestimmung, und je mehr sie plätte, desto ausgeglichener wäre sie. Überdies hatte sie an mir offensichtlich einen Narren gefressen. Ihre Blicke, die anfangs verschämt liebevoll gewesen, mutierten bald zu feurigen Aufforderungen, und ich begann den wöchentlichen Bügeltag geradezu herbeizusehnen. Als die Gute aber in ihrer Werbung immer kühner wurde und meine Frau um Erlaubnis bat, mich einmal auf einen Kaffee einladen zu dürfen, zeichnete sich schon das Ende dieser herrlichen Zeit ab.

Wohl hatte meine Angetraute angeblich nichts gegen solch eine Einladung, die mir persönlich größte Erfüllung gebracht hätte, aber die Wirklichkeit sah leider anders aus. Nachdem ich eines Tages voll Vorfreude auf meine schöne Büglerin heimgeeilt war, um diese mitten im Wasserdampf glühen zu sehen, traute ich meinen Augen nicht: Stand doch da meine eigene Frau, zischte mich heftig an und meinte mit einem Hauch von grober Bissigkeit, daß es sich für das Fräulein endgültig ausgebügelt hätte.

Von dieser Enttäuschung erholte ich mich lange nicht. Wenn ich auch zugeben muß, eine besondere Vorliebe für begeisterte Büglerinnen zu haben, bin ich davon überzeugt, daß meine Frau nicht allzu sehr von Eifersucht gepeinigt gewesen ist. Wie ich heute zu wissen glaube, fehlte ihr nach Abgabe des Bügelns einfach der Grund, sich über die enervierende Hausarbeit beklagen zu können.

Die berufstätige Frau und ihr Ehemann

Von gewissenlosen Vertretern des sogenannten Zeitgeistes wird unseren Hausfrauen und Müttern geraten, sie sollten sich einen richtigen Beruf suchen. Als ob es einen schöneren Beruf geben könnte! Fragen Sie meine Mutter, wie begeistert sie von ihrem Los war! Fünf Kinder, eines süßer als das andere, bewahrten sie vor dem Schicksal, hart arbeiten und Geld verdienen zu müssen, sicherten ihren Arbeitsplatz auf Lebenszeit und reicherten sie schlußendlich um elf Enkel an, sodaß sie ihre befriedigende Tätigkeit bis zum heutigen Tag fortsetzen kann. Und da sich meine Mutter durchaus ausgelastet fühlte und keine Zeit hatte, über ihre Selbstverwirlichung zu räsonieren, war sie immer glücklich und zufrieden.

Und heute, liebe Leser?

Wie schauen denn unsere Familien aus?

Zerrüttet!

Scheidungen über Scheidungen, und wer reicht sie meist ein?

Frauen und Mütter!

In verantwortungsloser Weise wird die eigene Brut nur deswegen skrupellos im Stich gelassen, weil viele Männer zu Recht nichts von allzu selbständigen Frauen wissen wollen. Manche dieser fehlgeleiteten Geschöpfe erwarten doch glatt, Väter sollten sich auch nach dem gelungenen Zeugungsakt noch mit ihren Kindern beschäftigen! Statt sich dauernd auf Kosten anderer selbst zu verwirklichen, müßten Frauen wieder lernen, auf die Befriedigung ihres ausgeprägten Egoismus zu verzichten.

Was gibt es denn für eine Mutter Schöneres, als sich für ihre Familie aufzuopfern? Was Erfüllenderes, Erhebenderes, Zufriedenstellenderes als seligen Blicks auf die Stätte ihres Wirkens zu blicken? Glückliche, rundliche, mit roten Backen versehene Kinder beweisen unübersehbar, daß ein tägliches warmes Mittagessen die Gewähr für das Werden eines anständigen und guten Menschen liefert.

Können Sie sich, liebe beruflich voll geforderte männliche Leser, etwas Herrlicheres vorstellen, als müde und erschöpft von der Arbeit heimzukehren, sich an den liebevoll gedeckten Tisch zu setzen und die Fettaugensuppe zu schlürfen? Wohl kaum!

So genoß auch ich mehrere Jahre diese gottgewollte Rollenteilung. Da ich als wohlbestallter Beamter meine Familie finanziell problemlos versorgen kann, hatte es meine Frau zum Glück nie nötig, einem außerhäuslichen Broterwerb nachzugehen. So führte sie ein wahrhaft unbeschwertes Leben, und es fehlte ihr an nichts. Aus heiterem Himmel kam es zu unerklärlichen Veränderungen ihres Gefühlslebens, was sich abwechselnd in depressiven Verstimmungen und explosiven Entladungen manifestierte. Als sie mir eines Tages erklärte, als Hausfrau und Mutter nicht lebendig begraben sein zu wollen, hob es mich mit einem Ruck aus meinen Baumwollsocken.

Sofort ging ich in mich und strengte eine Untersuchung gegen mich selbst an. Doch so sehr ich auch prüfte, ich hatte mir nichts vorzuwerfen. Behandelte ich sie nicht fast wie meinesgleichen? Ließ ich ihr nicht völlig freie Hand bei der Auswahl der Suppen? Kritisierte ich sie vielleicht heftig, wenn das Schnitzerl nicht ganz saftig war, der Salat nicht knackig oder die Nachspeise leicht ranzig duftete? Redete ich ihr beim Einkaufen drein? Stand ich beim Kochen im Weg? Schrieb ich ihr etwa ein bestimmtes Waschmittel vor oder wusch gar selbst?

Nein, nichts von alledem.

Dennoch behauptete meine Frau mit einer nahezu unerträglichen Sturheit, im eigenen Heim nicht glücklich zu sein, eine Auffassung, die in das Reich des Pathologischen weist. Unser bis dahin vorbildlich geordnetes Familienleben wandelte am Rande des Abgrundes. Ich konnte nur mehr warten, bis es zu Ende sein würde.

An einem ursprünglich wunderbaren Spätsommertag war es dann soweit. Nach einem durchaus gelungenen Mittagsmahl gab ich mich der wohlverdienten Ruhe hin, als das Schrillen des Telefons mein Leben gravierend verändern sollte. An den Antworten meiner Frau, die begeisterte Zustimmung signalisierten, erkannte ich sofort, daß sie nunmehr im Begriffe war, ihre ureigenste Bestimmung zu verleugnen, um in der Welt der Männer zugrunde zu gehen. Im Anschluß an das Gespräch teilte

sie mir kühl mit, ab morgen jeden Nachmittag ihre hilf-
lose Familie im Stich zu lassen.

Zu Recht sah ich die Welt aus ihren Angeln gehoben.
Der Super-GAU in unserer Partnerschaft. Nachdem ich
mich vom ersten Schock erholt hatte, kämpfte ich mit
allen Mitteln um das Glück meiner Familie und machte
meiner Frau klar, daß sie auf meine Zustimmung zu diesem Wahnsinnsprojekt verzichten werde müssen. Waren
doch unsere beiden Töchter noch im Kindergarten, und
auch ich mußte weiterhin versorgt werden. Da wir
unsere beiden hilflosen Kinder oft allein lassen müßten,
würde ich als Psychologe völlig unglaubwürdig werden.
Zum Schluß müßten wir unseren Nachwuchs vielleicht
gar zu fremden Leuten geben, als ob es keine Mutter
gäbe.

Ich wies meine Frau auf die zahlreichen Vorteile ihres
bisherigen Lebens hin und erinnerte sie daran, wie sie es
genossen habe, am Morgen länger zu schlafen, in seliger
Ruhe die Zeitung zu lesen und immer genügend Zeit für
einen Tratsch mit ihren Nachbarinnen an den Sandki-
sten in der ganzen Siedlung zu haben. Es gehe doch nicht
an, völlig unüberlegt einer Laune folgend den schönsten
Beruf der Welt hinzuwerfen und alles, was wir uns
gemeinsam aufgebaut hätten, mit einem Schlag zu zerstören. Auch eine Scheidung sei nicht mehr auszuschließen, in deren Folge die Kinder ernsthafte psychische
Schäden erleiden würden.

Trotz meiner intensiven Versuche, an ein möglicher-
weise doch vorhandenes Verantwortungsgefühl meiner
Frau zu appellieren, zog ich wie immer den kürzeren.
Meine schwergewichtigen Argumente prallten ab wie
Speere an einem Panzer. Die Gute hatte offensichtlich

jedwedes Gefühl für die Realität verloren und behauptete in ihrem Wahn, mein Widerstand sei ein Versuch mit untauglichen Mitteln, mein bequemes Leben auf ihre Kosten weiterzuführen. Schließlich seien unsere Kinder auch meine Kinder – ein Untergriff der übelsten Sorte –, und ich, der ich doch ständig so groß von Partnerschaft reden würde, könnte endlich beweisen, wie ernst es mir damit sei.

Nun war meine Geduld wirklich am Ende. Schließlich habe auch ich bestimmte Vorstellungen von meinem Leben, und diese lasse ich mir von niemandem aus der Hand nehmen, schon gar nicht von einer Frau, die ich ja nicht nur deswegen geheiratet habe, weil sie so schön und so lieb war, sondern weil sie mir alles, was meine Pläne und Kreise stören würde, vom Leibe halten sollte.

Kinder, Haushalt und ähnliche Angelegenheiten liegen nämlich weit außerhalb des männlichen Verantwortungsbereiches, auch wenn es in unserer degenerierten Gesellschaft schon einzelne Hausmänner gibt, über deren Zurechnungsfähigkeit noch zu diskutieren wäre. Ich will auch nicht leugnen, daß manche meiner Kollegen, zumindest bei Straßenbefragungen, behaupten, sie würden ihrer Frau gerne im Haushalt und bei den Kindern helfen, wenn sie nur die Gelegenheit hätten, halbtags zu arbeiten. Leider gäbe es das in ihrer Firma noch nicht, und so müßten sie eben in den harten Apfel des Berufstätigen beißen. Viel lieber möchten sie doch Babys Hintern säubern und ihrer vertrockneten haarigen Brust vitaminreiche Milch entlocken. Wäre das für sie möglich, könnte sie niemand daran hindern, sofort ihren Beruf aufzugeben und den Rest ihres Lebens in den eigenen vier Wänden zu verbringen.

Ich muß ehrlich gestehen, daß ich nicht zu dieser Gruppe der verhinderten Hausmänner gehöre und genau wußte, was durch diese irrwitzige Berufstätigkeit meiner Frau auf mich zukommen würde. Nach diesem Anruf vom Arbeitsamt war mein Leben nicht mehr so wie zuvor. Unruhe, Hast und Streß waren von da ab meine ständigen Begleiter. Obwohl ich natürlich ganztägig berufstätig war, wurde ich von meiner Frau gezwungen, täglich ihre Kinder zu hüten.

Fragen Sie mich nicht, wie ich alles unter einen Hut brachte. Die Sandkiste wurde mein neuer Lebensinhalt, und ich träumte von Schaufeln, Kübeln, Rechen und Gummitieren. Niemals zuvor hatte ich mich so eingesperrt und abhängig gefühlt. Überdies mußte ich mich mit Angelegenheiten beschäftigen, die normalerweise eine Mutter zu erledigen hat.

Als ich eines Nachmittags mit meinen Töchtern sogar zur Balletteinschreibung erscheinen mußte, wurde ich als einziger Mann von den dort versammelten Müttern auch mitleidig lächelnd gemustert. Manche flüsterten wenig Schmeichelhaftes, schüttelten ihren frischfrisierten Kopf und kicherten merklich amüsiert vor sich hin. Hätte ich nicht beruflich bedingte Erfahrungen mit Streßsituationen, wäre ich dieser Belastung niemals gewachsen gewesen. Das bißchen Geld, das meine Frau nach Hause brachte, war im Grunde genommen nicht der Rede wert. Es diente lediglich dazu, in neue Kleidung umgesetzt zu werden.

All diese Unannehmlichkeiten wären aber nicht möglich gewesen, auch unter meiner Frau nicht, gäbe es nicht diese männerfeindliche Möglichkeit einer gleitenden Arbeitszeit. Scheinbar eine Verbesserung für die arbeitenden Menschen, im Grunde genommen aber eine Katastrophe für jeden verheirateten Mann, dessen Frau vom Virus der beruflichen Unabhängigkeit befallen ist. Die im allgemeinen brauchbarste Ausrede, aufgrund von dienstlichen Verpflichtungen keine Zeit für seine Kinder zu haben, fällt doch damit weg. Alles andere an Ausweichversuchen wird von jeder durchschlagskräftigen Frau problemlos zunichte gemacht.

Obwohl ich mehrmals pro Woche zum Ausgleich schon in der Nacht arbeiten mußte, ließ es sich dennoch nicht verhindern, meine arme kleine, damals vierjährige Tochter nachmittags zu einer mit ihr sicher völlig überforderten Kindergartentante abzuschieben. Man stelle sich das einmal vor! Als ob das Kind keine Mutter gehabt hätte! Wozu, fragte ich mich nicht nur einmal, hatte ich eigentlich geheiratet? Unter diesen Umständen wäre es doch vernünftiger gewesen, gleich von vornherein als Alleinerzieher anzufangen. Die Bewunderung meiner Umwelt wäre mir sicher gewesen, während ich so nur den Spott meiner, ach so lieben, Freunde erntete. Diese fanden das freilich überaus heiter, wenn sie mich an der Sandkiste sitzen oder nach meinen Kindern suchen sahen, derweilen sie im Freizeitlook ihren Vergnügungen nachgingen. Viel hätte ich damals dafür gegeben, an ihrer Stelle zu sein.

Mit meiner Umfunktionierung zum Kinderwächter war es aber noch nicht getan. Auch diese, den ganzen Mann fordernde Aufgabe, wäre noch einigermaßen erträglich gewesen, hätte mich meine Frau mit den nervtötenden Geschichten aus ihrem sogenannten Berufsleben verschont. Ich hatte schon vorher gewußt, daß ihre Arbeit nicht konfliktfrei ablaufen könnte, war ihr doch

132

ein ältlicher, zu klein geratener Mann mit dem typischen Wunsch nach Profilierung auf Kosten anderer, vorgesetzt worden. Meine liebe Frau war durch den jahrelangen pflegeleichten Umgang mit mir verwöhnt und dachte, alle Männer wären so leicht herzurichten. Als sich aber ihre täglichen Klagen über diesen Vorgesetzten, den ich ihr heimlich gönnte, zu stündlichen Wiederholungen mauserten, konnte ich diese schaurigen Erzählungen nur mehr im Zustand der alkoholischen Entrücktheit ertragen.

Eines Tages ging zum Glück auch dieser unhaltbare Zustand zu Ende, und so hoffte ich endlich auf die mir zustehende Betreuung durch meine Frau. Schließlich hatte sie nun eine vormittägliche unterrichtliche Tätigkeit aufgenommen, die ihr genug Zeit für mich gelassen hätte. Leider blieb es bei der Möglichkeitsform. Durch Schule, Familie und Haushalt nicht ausgelastet, begann sie vor kurzem das Studium der Rechte.

Angeblich aus Interesse und als persönliche Herausforderung.

Da meine Liebste aber bekanntlich immer wieder von Trennung und einer eigenen Wohnung schwärmt, fürchte ich, daß sie ihre Kenntnisse eines Tages dazu verwenden wird, gegen mich eine Räumungsklage einzubringen.

Frauen sind uns lieb und teuer

Wenn auch Churchill gesagt haben soll, er traue nur jenen Statistiken, die er selbst gefälscht habe, gibt es doch Resultate von Umfragen, die, zumindest meiner Erfahrung nach, den Realitäten entsprechen. So streiten angeblich Paare am häufigsten über Geld und Kindererziehung.

Als ich noch ein kleiner Junge war, hatten wir immer zuwenig Geld. Dieser ständige Mangelzustand prägte mich so sehr, daß ich in meiner Kindheit heftig zu sparen begann und bis heute damit nicht mehr aufhören konnte.

Meine Frau, die es von klein auf gewohnt ist, von fremdem Geld zu leben, versteht meine kleinliche Klemmerhaltung überhaupt nicht und gibt mein mühsam Erspartes locker wieder aus. Obwohl auch meine Liebste ein kleines Scherflein dazu beiträgt, ist der Großteil unseres Familieneinkommens meinen beruflichen Glanzleistungen zu verdanken. Ich darf daher mit Fug und Recht erwarten, unaufgefordert Nachweise über eine ökonomische Verwendung meines Geldes vorgelegt zu bekommen. Meine Frau verweigert mir aber jeden Einblick in ihre abenteuerliche Finanzgebarung und zwingt mich dazu, regelmäßig zur Handtaschenrazzia zu blasen, um unbezahlte Rechnungen und andere budgetsprengende Bestellungen rechtzeitig zu orten. Da es mir leider an professioneller Geschicklichkeit mangelt, bin ich bei meinen diffizilen Recherchen mehrmals am Tatort ertappt und demütigenden Verhören unterworfen worden. Nun wage ich es nicht mehr, auf diese außertourliche Weise zu jenen lebenswichtigen Informationen zu kommen, deren Kenntnis den familiären Bankrott verhindern könnte.

Eines Tages hatte sich unsere finanzielle Lage wieder einmal existenzbedrohend verschlechtert, und ich erlaubte mir, meine liebe Frau vorsichtig zu befragen, für welche unnötigen Dinge sie denn diesmal mein gutes Geld mißbraucht hätte. Es war, als hätte ich in ein Wespennest gestochen. Statt den nötigen Rechenschaftsbericht vorzulegen, gab meine Frau ihrem cholerischen Temperament noch die Sporen. Sie habe es endgültig satt, lebensnotwendige Ausgaben ständig rechtfertigen zu müssen. Ich sei der kleinlichste Wicht, den sie jemals gesehen habe und täte gerade so, als würde sie das Geld heimlich fressen. Wenn ich mir eine Frau wie sie nicht leisten könne, müßte ich mich eben mit einer billigeren Variante zufriedengeben. Sollte ich es noch einmal wagen, ihre finanzielle Gebarung kritisch zu durchleuchten, könnte ich sofort meine Koffer packen. Nachdem ich auch dazu ihre Hilfe brauchte, mußte ich all diese wüsten Attacken schweigend über mich ergehen lassen.

Daß mitunter Geld ausgegeben werden muß, ist mir schon klar. Aber warum gerade meines?

Beabsichtigen Sie, lieber Leser, auch nach der Hochzeit Ihr Geld am liebsten für Ihre eigenen Bedürfnisse zu verwenden, rate ich Ihnen, den Gesundheitszustand Ihrer Zukünftigen mit der gleichen Sorgfalt zu überprüfen, als würden Sie ein gebrauchtes Auto kaufen. Um nicht nach kurzer Zeit kostspielige Reparaturen finanzieren zu müssen und zur Erkenntnis zu kommen, daß Sie ein aufgemöbeltes Wrack erworben haben, verlangen Sie im Normalfall ein entsprechendes Zertifikat eines Automobilclubs. Checken Sie ihre Braut daher von oben bis unten durch, indem Sie sie allen verfügbaren Fachärzten vorführen. Zu allererst aber sollten Sie sich um einen Termin bei einem guten Zahnarzt bemühen. Lassen Sie jeden einzelnen Zahn im Gebiß Ihrer Auserwählten durchleuchten, und bitten Sie den Arzt um ein Gutachten über die Qualität des Zahnmaterials, wollen Sie sich ein ähnliches Schicksal wie das meine ersparen.

Stolperte ich doch wegen meiner großen Naivität zum Zeitpunkt meiner Eheschließung in eine verhängnisvolle Ehe mit einer Frau, deren Zahnmaterial durch und durch ruinös angelegt war. Es gelang meiner Liebsten, diese himmelschreienden Karikaturen von Beißwerkzeugen in ihrem zerbröselnden Zustand vor mir geheimzuhalten.

Als sie mich eines Tages bat, sie zum Zahnarzt zu begleiten, dachte ich mir nichts dabei, wußte ich doch, daß sie wie viele andere Angst hatte, ihr Gebiß den Instrumenten eines professionellen Sadisten auszuliefern. Der promovierte Bohrwurm blickte nur kurz zwischen die Lippen meiner Frau. Er nahm mich bei der Hand, führte mich in einen Ruheraum, hieß mich hinsetzen und murmelte noch etwas Unverständliches, bevor er mich verhalten lächelnd informierte: Eine Generalsanierung der kariösen Fragmente meiner jungen Begleiterin sei leider unumgänglich.

Von diesem Schock erholte ich mich lange nicht. Dennoch blieb mir nichts weiter übrig, als zahlreiche Kredite aufzunehmen und einige Jahre hart zu arbeiten, um diesen geldgierigen Zahnarzt befriedigen zu können. Was mir blieb, ist die Gewißheit, zumindest eine Etage seines Luxushauses finanziert zu haben und die ungetrübte Freude beim Anblick der Beißerchen meiner Liebsten: Glanz ohne Kratzer.

136

Während Männer das Telefon dazu benützen, um einander kurz und sachlich die nötigen Informationen zu vermitteln, kennen viele Frauen nichts Schöneres, als mit wechselseitigen Monologen stundenlang die Leitungen zu blockieren, selbst wenn sie einander wenig später treffen. Leider scheint auch meine Liebste von dieser weitverbreiteten Seuche befallen zu sein.

Obwohl ich daheim nahezu nie telefoniere, bekomme ich häufig exorbitante Rechnungen zugestellt, deren Höhe ich ausschließlich der Kontaktfreudigkeit meiner Frau zu verdanken habe. Ich habe es mir abgewöhnt, sie kritisch auf die Rechnungshöhe hinzuweisen, ließ sie mich doch, ohne eine Frage offen zu lassen, wissen, daß sie grundsätzlich eine Telefonierfreiheit besitze, die ich besser nicht in Frage stellen sollte. Inzwischen rechne ich insgeheim jedesmal mit weiteren Kostensteigerungen und freue mich kindlich, wenn meine ärgsten Befürchtungen nur in abgeschwächter Form wahr werden.

Eines Abends wurde meine scheinbare Gelassenheit aber schwerstens auf die Probe gestellt. Bei meiner Heimkehr erzählte mir meine Frau so ganz nebenbei, sie habe heute alles mögliche getan, primär aber telefoniert; u. a. mit ihrer Mutter und mit ihrer Schwägerin, beide außerhalb der Grenzen unseres schönen Landes. Die Damen ließen mich übrigens herzlich grüßen.

Nur mit Mühe konnte ich mein großes inneres Entsetzen daran hindern, sich sichtbar nach außen zu verlagern. Als ich aber an die kommende Belastung meines ausgezehrten Kontos dachte, verfiel ich in eine tiefe pekuniäre Depression.

Frauen verursachen aber auch noch ganz andere Schäden im Haushalt. Meine Liebste konnte es sich zum Beispiel bis zum heutigen Tag nicht abgewöhnen, ständig die Waschmaschine in Betrieb zu setzen. Ursprünglich dachte ich, es wäre einfach die Freude an der Beherrschung eines technischen Gerätes. Heute jedoch weiß ich, daß es der Zwang ist, jedweden Dreck zu beseitigen und pausenlose Frische zu erzeugen.

Betrachten Sie doch einmal die entsprechenden Werbespots. Wenn Sie gesehen haben, wie schöngekleidete Frauen sich glückstrahlend an ihren Wascherfolgen ergötzen, scheint es klar, daß Waschen rauschähnliche Zustände zu erzeugen vermag. Bei längerer Absenz vom Waschtrog (das waren noch Zeiten, als Hausfrauen den ganzen Tag in der Waschküche stehen und sich voll diesem dampfenden Vergnügen hingeben durften) kommt es nämlich zu intensiven Entzugserscheinungen, die zu außergewöhnlichen Gemütsverstimmungen führen können. Fällt bei meiner Frau der Waschquotient unter den kritischen Wert (viermal pro Woche), nimmt ihre innere Unruhe nahezu unerträgliche Formen an, was unlängst tragische Folgen hatte.

Während ich an einem ruhigen Sonntagvormittag ruhebedürftig im Morgenmantel lesend dalag, ließ sich meine Frau in ihrer Not zu einer wahren Verzweiflungstat hinreißen. Als ich sie auf mich zukommen sah und in ihren Augen grenzenlose Entschlossenheit aufblitzte, wußte ich, daß jeder Widerstand zwecklos war. Sie stürzte auf mich zu, forderte in barschen Worten die sofortige Trennung von meinem noch ganz sauberen Morgenmantel, riß mir das wärmende Stück vom Leib, rannte damit wie von Furien gehetzt zur Waschmaschine und drückte in rasender Eile mehrere Knöpfe. Kaum hatte sie das vertraute Geräusch der rotierenden Trommel vernommen, war der Anfall bald vorbei, und sie beruhigte sich rasch.

Nochmals schien alles gut gegangen zu sein.

Wenig später suchte ich verzweifelt nach meiner Uhr. Meine Befürchtungen wandelten sich bald zur traurigen Gewißheit. Diesmal hatte auch ich für die neurotische Waschsucht meiner Frau bezahlen müssen. Meine wunderschöne neue Uhr, die sie mir selbst zum Geburtstag geschenkt hatte, drehte sich samt meinem Mantel in der Trommel hin und her. Obwohl angeblich wasserdicht, war sie dieser lieblosen Behandlung nicht gewachsen und fiel mir am Ende leblos in die ausgebreiteten Hände.

Als ich meiner Frau meine tiefe Bestürzung vermitteln wollte, lächelte sie mich nur verzückt an.

Wie Sie Erspartes sinnvoll verwenden

Leute, die einen Anlageberater brauchen, um ihr überflüssiges Geld los zu werden, beneide ich sehr, habe ich doch keine Möglichkeit, mich in solch angenehmer Verlegenheit zu befinden. Bemerkt meine Liebste auch nur einen übrig gebliebenen Schilling in meinem Portemonnaie, mutiert sie augenblicklich zum risikofreudigen Unternehmer und investiert in großem Stil. Kaum nähert sich ein Projekt dem Ende, bedroht sie mich schon mit neuen Plänen. Ob Teppichboden, Vorzimmer, Kinderzimmer oder Beleuchtungskörper, alles müßte verfeinert, erneuert oder umgebaut werden.

Als meine Frau, trotz versuchter Geheimhaltung meinerseits, das Ablaufen eines Bausparvertrages registriert hatte, mußten unbedingt unsere noch bestens erhaltenen Sitzbänke im Wohnzimmer gegen neue Stücke ausgetauscht werden. Nachdem man uns irrtümlich eine große und eine kleine Couch geliefert hatte, die mir zugeteilt wurde, weil ich angeblich so selten daheim bin, freute ich mich zuerst über die niedrige Rechnung. Aufgrund des dabei unerwartet ersparten Betrages, beauftragte meine ökonomisch denkende Gefährtin sogleich einen Experten mit der Tapezierung unserer gesamten Behausung. Mir blieb es anschließend vorbehalten, doppelt soviel nachzuzahlen, was lediglich die Aufnahme eines kleinen Kredites erforderte.

Auf diese Weise sparen wir auch in vielen anderen Bereichen. Dieses System funktioniert überall dort besonders gut, wo einer das Sparen besonders liebt. Wundern Sie sich daher nicht, daß Sie in der Rolle des Familiendagoberts Ihren Partner quasi dazu zwingen, den Gegenpart zu übernehmen, was all Ihre Bemühungen zunichte macht und zu noch rigoroseren Geizanfällen führt, Ihren Partner aber noch hemmungsloser werden läßt etc., etc.

Um sich ein so zermürbendes Schicksal zu ersparen, rate ich Ihnen dringend, Ihr Amt als Säckelwart der Familie dem bislang fröhlichen Ausgeber zu übertragen. Bei einigermaßen normaler Intelligenz wird dieser aber nahezu immer ablehnen, die undankbare Rolle des Sparers zu übernehmen, womit für eine ewige Fortsetzung des Dramas gesorgt ist.

Das Haushaltsgeld

Bei einem anfangs noch lustigen Beisammensein einiger

140

befreundeter Paare ergab sich plötzlich eine heftige Diskussion über die verschiedenen Formen finanzieller Gebarungen.

Nachdem ich über unser frauenfreundliches System berichtet hatte, machte ich bei den weiblichen Mitgliedern dieser Runde geradezu Furore, während die anwesenden Männer mich des Verrates an unserer Geschlechtsgemeinschaft beschuldigten. Meine Frau liebt es nämlich, jederzeit griffiges Bargeld im Haus zu haben, und so hatte ich die große Aufgabe, dieses in einer Lade bereit zu halten. Kaum war ein großer Schein weg, mußte sofort nachgefüllt werden. Manchmal konnte ich der steigenden Nachfrage nicht mehr Herr werden, sodaß mich meine Frau aufforderte, das Tempo des Nachschubs zu erhöhen oder die Geldmenge zu vervielfachen. Jahrelang hatte ich diesem ungeheuren Druck standgehalten, ehe vor kurzem das endgültige Aus kam. Nachdem meine Nerven durch die ständige Überreizung kollabiert waren, entschloß ich mich resigniert zum konservativen System der monatlichen Überweisung all dessen, was ich entbehren konnte.

Obwohl mir nun noch weniger Geld für die Befriedigung meiner elementarsten Bedürfnisse zur Verfügung steht, gelingt es meiner Frau, auch noch das letzte aus mir herauszuquetschen. Da sie, im Gegensatz zu mir, am Samstag ihrer Berufstätigkeit nachzugehen pflegt, läßt sie mir lange Einkaufszettel zurück, ohne das nötige Kleingeld dazuzulegen. Die halbherzigen Versuche, meine Auslagen zurückzufordern, zaubern auf das Gesicht meiner Angetrauten lediglich ein süffisantes Lächeln. Wenn ich mir eine Familie nicht leisten könnte, hätte ich eben nicht heiraten dürfen.

Natürlich zählt auch meine Frau zu jenen Damen, die der Lust des Einkaufens frönen. Da die dabei erstandenen Artikel einen adäquaten Aufenthaltsort benötigen, waren wir in den vergangenen Jahren oft gezwungen, unsere Wohnung durch zahlreiche Einbauschränke aufzuwerten. Ursprünglich als Lagerstätten für meine bescheidene Garderobe geplant, platzen sie heute aus allen Furnieren. Anfangs angeblich nur vorübergehend und in Form von Einzelstücken getarnt, sickerten mit der Zeit Unmengen exklusiver Textilien meiner Liebsten in alle Schränke, Kästen und Kommoden und drängten meine beiden Hosen und den Hochzeitsanzug rücksichtslos in eine Ecke, um sich schließlich die Alleinherrschaft zu sichern. Abgesehen von dieser letztklassigen Stillosigkeit, belasten die regelmäßigen Einkaufstouren meiner Frau auch unser Familienbudget schwerstens, vor allem aber unnötig. Meine fundierten Einwände gegen die vorzeitige Abschreibung neuwertiger Kleidungsstücke werden von meiner Süßen leider niemals ernsthaft geprüft und fallen daher in die Kategorie der „sinnlosen Erregung".

Durch meine Hartnäckigkeit gelang es mir mit der Zeit aber dennoch, meine Partnerin zu gehaltvollen Auseinandersetzungen über die sinnvolle Verwendung des Haushaltsgeldes zu zwingen. Nach längeren Verhandlungen einigten wir uns auf die Zuerkennung einer angemessenen Summe, die ausschließlich in die Tasche meiner Frau fließen sollte, wobei ich die widmungsgemäße Handhabung zu überprüfen hatte. Unbedingt Benötigtes könnte nach wie vor aus dem gemeinsamen Topf finanziert werden, Luxusgegenstände müßten hingegen direkt vom Konto des persönlichen Taschengeldes abgebucht werden. Neben den alltäglichen Diskussionen über die nicht eingekaufte Milch, erweiterte sich unser Konfliktpotential um die zweckgebundene, korrekte Verwendung der verschiedenen Gelder.

Obwohl ich als unbestechlicher Verwalter fehlerfrei agierte, kam es zu etlichen unerfreulichen Auffassungsunterschieden, die schließlich im Bruch des Vertrages gipfelten. Durch die Transferierung des Taschengeldes auf ein eigenes Konto entzog mir meine selbstherrliche Frau jedwede Kontrolle über ihre chaotische Finanzgebarung.

Aufgrund ihrer neuaufgeflammten Berufstätigkeit noch selbstbewußter, forderte meine Liebste bei jedem Jahreswechsel eine exorbitante Erhöhung ihrer fürstlichen Apanage und bewilligte sie sich in arroganter Mißachtung meiner Gegenstimme gleich selbst. Da ich ein nahezu anspruchsloser Geselle bin, leide ich an der hemmungslosen Verschwendungssucht meiner Gefährtin schwer. Nach der Lektüre eines gloriosen Buches, in dem ich meine wahrlich mißliche Lage haargenau beschrieben fand, beschloß ich, meine andauernde Benachteiligung zu beenden und auch mir eine kleine Summe zum persönlichen Gebrauch auszusetzen.

Leider hatten wir immer zu wenig Geld, sodaß ich nie über ein Papierguthaben hinauskam. Während meine liebe Frau nicht müde wurde, Blusen, Schuhe, Mäntel und Kostüme nebst modischem Beiwerk heranzuschleppen, zersaß ich jahrelang meine beiden Hosen. Eines Tages aber wurde es selbst mir zu bunt. Um nicht als grauer Aschenputterich zu enden, rang ich mich dazu durch, mir bedürfnislosem Kerl ein eigenes Konto einzurichten, dem ich den vielsagenden Namen „Belohnung" gab. Kein Mensch vermag sich vorzustellen, wie glücklich ich darüber bin. Kann ich doch nun die Blumen für meine Frau, das Schulmilchgeld für meine Kinder und die Kirchensteuer erstmals direkt aus meiner eigenen Tasche bezahlen.

Das eheliche Sexualleben

Einer will, die andere nicht

Unterschiedliche sexuelle Bedürfnisse stellen am Beginn einer Beziehung nur selten ein Problem dar. Die meisten Partner einigen sich, ohne lange Verhandlungen führen oder zu raffinierten Verführungstänzen Zuflucht nehmen zu müssen, meist rasch, da der Reiz des Unbekannten bei weitem reicht, um das Bett oder andere Unterlagen zum Hauptbegegnungszentrum zu machen.

Während anfangs schon der Gedanke an intime Umarmungen allein bei Männern zu unübersehbaren physischen Verformungen führt (Frauen haben den unschätzbaren Vorteil, sich äußerlich scheinbar lustlos zu präsentieren), neutralisiert ständiges Beisammensein die stärksten Reize und führt in der Folge zu einem starken Ansteigen der persönlichen Lustschwelle. Die Bewältigung des gewöhnlichen Alltages beschäftigt die meisten Paare so sehr, daß sie dabei leicht vergessen, miteinander der Fleischeslust zu frönen. Das natürliche Auseinanderklaffen der individuellen Hormonstöße erschwert es überdies, einen gemeinsamen Termin zu finden, um der ehelichen Begegnung eine körperliche Note zu verleihen.

Wie bei vielen anderen Tätigkeiten, deren regelmäßige Ausübung den Grad einer Verpflichtung angenommen hat, stellt der Anlauf für manche ein nahezu unüberwindliches Hindernis dar. Der Gedanke, daß doch der andere, wenn er nur wirklich wollte, ruhig einmal sollte, ist freilich naheliegend und zugleich auch entlastend. Schließlich hat doch jeder Mensch das Recht, auch einmal seine femininen, passiven Seiten auszuleben. Während Frauen das Warten schätzen gelernt haben, zwingen sich Männer als Menschen der Tat oft zu spontanen Handlungen, die ob ihres Blitzstartes unbedacht scheinen, primär aber unbedankt bleiben.

Spürt ein Mann, daß in seinem Körper hormonelle Turbulenzen sein seelisches Gleichgewicht bedrohen, zieht er, ohne lange zu zögern, die nötigen Konsequenzen, indem er seine oft nichtsahnende Partnerin erfreulich geradling über seine Absichten informiert. Die so im Klartext Angesprochene wäre aufgrund ihrer allzuoft brachliegenden Kapazitäten ohne große Anstrengung in der Lage, mit einem einzigen, durchaus nicht zeitintensiven Akt das Ärgste zu verhindern.

Wie Sie, lieber Leser, sicher aus eigener Erfahrung wissen, fallen unsere Anregungen oft aus unerfindlichen Gründen nicht auf einen entsprechend weichen und fruchtbaren Boden, sondern verdorren vielmehr in einer steinigen Reaktion der so heftig Umworbenen. Trotz der jahrelangen sexuellen Aufklärung haben viele Frauen das Wesentliche der ehelichen und anderer zweisamen Umarmungen anscheinend noch nicht erkannt. Vielmehr träumen sie von ausgeprägten, pfauähnlichen Balzritualen, die sich durchaus auch über mehrere Tage ausdehnen könnten, bevor sie endlich zur Sache schreiten möchten. Durch diese auseinanderdriftenden Vorstellungen kommt es daher mitunter zu Mißverständnissen und zu längeren Phasen der Enthaltsamkeit, die meist wieder von Männern beendet werden. Leider mangelt es vielen von ihnen am nötigen Feingefühl, um ihre Liebste mit der gewünschten Zärtlichkeit in Form von kuscheligen Streichelorgien auf das kommende Ereignis einzustimmen.

Zu meiner Schande muß ich gestehen, daß es offensichtlich früher auch mir am nötigen Know how mangelte und ich von meiner Frau – zu Recht – manche Rüge ob meines stürmischen Forderns entgegennehmen mußte. Ich hatte die seltene Gabe, immer zu den unpassendsten Gelegenheiten mein Fortpflanzungsorgan zum Einsatz bringen zu wollen. Entweder stand meine Liebste gerade vor dem Bügelbrett oder am Herd. Manchmal war sie eben im Begriffe, zur Arbeit zu eilen oder den Kindern den Hintern einzustäuben, während ich meine Paarungsbereitschaft zur Diskussion stellte. Nur eine total verrückte Frau hätte meinem animalischen Drängen auch nachgegeben.

Ich muß aber zugeben, daß ich nicht immer solch reifen Standpunkt vertreten konnte. Nachdem mir meine Frau in unserer jungen Ehe zum ersten Mal temporäre Enthaltsamkeit verordnet hatte, ohne dafür nennenswerte Begründungen zur Hand zu haben, stand ich ob dieser grausamen Verletzung der Männerrechte, ohne ein Wort zu sagen, auf und begann meinen Koffer zu packen, um zu meiner Mutter zu ziehen.

Mehrere Wochen ließ ich von der einzigen Frau, die mich wirklich liebt, meine Wunden pflegen. Erst als mir meine vereinsamte Gefährtin zugesichert hatte, mir in Zukunft ihren Körper jederzeit zur Verfügung zu stellen, kehrte ich zu ihr zurück.

Zum Glück habe ich es nach Absolvierung zahlreicher Männergruppen gelernt, meinen Drang nach ständiger und augenblicklicher sexueller Befriedigung zu beherrschen. Wie Sie, lieber Leser, es sicher oft am eigenen Unterleib verspüren, kostet solch eine Gewaltleistung jedoch eine Unmenge an Energie.

Dabei leiden wir Männer doch selbst am meisten daran, immer zu wollen. Da Frauen aufgrund ihrer übergroßen Liebesfähigkeit anfangs meist unseren Wünschen nachgeben, ziehen wir den falschen Schluß, sie wären ebenso häufig daran interessiert. Wenn man verschiedenen Zeitschriften glauben darf, verleugnen unsere weiblichen Mitmenschen ständig ihre wahren Sehnsüchte. Vielmehr vergewaltigen sie ihre sensible Seele und geben den primitiven Forderungen ihrer Männer nach, angeblich aus Angst, verlassen zu werden. Drohen doch Männer bekanntlich bei der ersten Verweigerung schon mit dem Scheidungsanwalt. Dennoch soll es ganz mutige Amazonen geben, die auch angesichts des aufgerichteten Symbols drängender Männlichkeit Widerstand leisten, ohne auch nur im Ansatz zu bedenken, welch schwere Verletzung unseres ohnehin labilen Selbstwertgefühls solch eine lieblose Zurückweisung bedeutet.

Das alles könnten wir uns ersparen, würden wir die weibliche Tugend der vornehmen Zurückhaltung in unser Verhaltensrepertoire aufnehmen. Frauen sind nämlich geschickt genug, um in der Regel auf eindeutige Anfragen zu verzichten. Heutzutage werden aber jene Damen immer mehr, die bei Bedarf die Initiative an sich reißen und ihrem wartenden Liebhaber durch diffizile, hauchzarte Avancen Hingebungsbereitschaft signalisieren. Läßt dieser grobe Klotz aufgrund mangelnder Sensibilität aber jedwede Reaktion vermissen, sind Frauen,

148

die ihre gute Erziehung vergessen und sich zu ihrer Lust bekennen, geradezu gezwungen, solch mutige Vorstöße in Zukunft – schon aus Gründen der Selbstachtung – zu vermeiden.

Sollten Sie zur verschwindenden Minderheit jener Männer zählen, deren Sexbesessenheit auch Pausen kennt, und es gerade zu diesem Zeitpunkt aufgrund unerklärlicher kosmischer Einflüsse einmal dazu kommen, daß ihre Frau – von unerklärlichen Lustschüben überwältigt – sich Ihnen völlig enthemmt unsittlich nähert, wäre es unklug, dieses verlockende Angebot zurückzuweisen. Schließlich benötigt auch der Haleysche Komet einige Zeit, bis er wieder zu beobachten ist. Überdies haben es Männer gezwungenermaßen gelernt, kränkende Ablehnungen zu verdauen. Bei Frauen hingegen kommt es angeblich zu einer irreversiblen Schädigung ihrer Psyche, fühlen sie sich doch in ihrer gesamten Persönlichkeit nicht angenommen.

Auch Männer wollen nicht immer können müssen

Obwohl auch ich, wie weiter oben beschrieben, meinen starken Sexualtrieb kaum kontrollieren kann, gab es in meiner Ehe durchaus Tage, an denen das gewohnte drängende Pochen weitgehend ausblieb. Da diese Zeiten bisweilen zu Wochen wurden, begann ich mir, wie jeder normale Mann, Sorgen zu machen, wußte ich doch, daß ich wieder einmal wollen müßte; auch, um den durch repräsentative Umfragen vorgeschriebenen wöchentlichen Schnitt zu halten.

Als ich mich gerade entschlossen hatte, meinem verhungerten Trieb durch einschlägige Werke in Bild und

Ton auf die Sprünge zu helfen, fiel mir das richtige Buch in die Hände. Wie ich erstmals erfuhr, habe auch der sexhungrigste Mann das Recht auf kurze Pausen. Er müsse lernen, auf sein bestes Stück zu hören: Komme es trotz bewußt herbeigeführter, ausschweifender Sexualphantasien zu keinen voluminösen Veränderungen desselben, dürfe man ruhigen Gewissens die geschlechtliche Begegnung absagen.

Eine Erkenntnis, die manche Frauen wahrscheinlich weniger freuen wird, für meine Leidensgenossen aber eine wesentliche Entlastung bedeuten könnte. Wie ich aus zuverlässigen weiblichen Quellen weiß, werden jene Männer immer mehr, die durch ihre Zurückhaltung einen klassischen Rollentausch erzwingen. Darf man einzelnen Leserinnenbriefen trauen, seien manche Ehefrauen bereits gezwungen, zum Abbau körpereigener Spannungen regelmäßig zu ihrer „Tante" zu fahren. Da ich jedes Jahr beruflich einige Wochen abwesend zu sein pflege, erspart sich meine Frau zumindest die Bahnfahrt.

Dennoch träumen viele Männer Zeit ihres Lebens von aktiven Frauen, ohne auch nur zu ahnen, welche gravierenden Umwälzungen eine Realisierung ihrer Phantasien nach sich ziehen würden. Eine junge Frau, deren Gefährte sich bitter über ihre Passivität beklagte, gestand mir unlängst tief errötend, sie würde ihren Mann am liebsten täglich vernaschen, müsse aber darauf verzichten, um nicht als Sexbestie dazustehen.

Nur Unkundige vermag dies in Erstaunen zu versetzen, während Männer mit Lebenserfahrung es zu schätzen wissen, wenn Frauen ihre wahren Bedürfnisse verbergen. Niemals wären wir nämlich in der Lage, unsere großen Versprechungen in die Tat umzusetzen. Vielmehr müßten wir erkennen, wie sehr unsere Möglichkeiten beschränkt sind, wobei eine weitere Verringerung unserer sexuellen Kapazitäten kaum zu verhindern sein wird. Diese Erfahrungen würden uns zwingen, häufig Kopfschmerzen und andere Beeinträchtigungen unserer körperlichen Fitneß vorzuschützen. Andernfalls müßten wir eingestehen, weder oft genug zu können, noch es zu wollen. Danken wir also den Frauen, daß sie im Bewußtsein unserer großen Verletzlichkeit vornehme Zurückhaltung üben, anstatt lautstark eine Befriedigung ihrer unterdrückten Bedürfnisse zu fordern.

Die ritualisierte Vereinigung

Männer sind große Verehrer und Eroberer. Sitzen sie aber einmal fest im Sattel, lehnen sie sich zurück und wollen das Erreichte genießen. Andererseits streben sie häufig danach, beruflich intensiv gefordert zu werden, und sind meist merkbar stolz und glücklich, ihren zahlreichen Terminen kaum mehr nachkommen zu können.

Um ihre beruflich bedingte Hektik auszugleichen, benötigen Männer neben Kursen zur besseren Nutzung ihrer kostbaren Zeitressourcen vor allem familiäre Geborgenheit und, zur Befriedigung ihrer kindlichen Sehnsucht nach Ritualen, das Gleichbleiben alltäglicher Abläufe. Kanalisiert und im Wochenplan untergebracht werden müssen daher auch all jene Handlungen, die einen Hormonausstoß der Hypophyse voraussetzen. Da unter der Woche zahlreiche berufliche, sportliche und gesellschaftliche Verpflichtungen auf dem Programm stehen, deren Absolvierung die meisten Abende einer Woche auszufüllen pflegt, geht es sich an Samstagen gerade noch aus, die langjährige Gefährtin trotz stark gestiegener Unkosten zum Essen einzuladen.

Hat sich solch ein überforderter Mann richtig gestärkt und seine Großzügigkeit gebührend herausgestrichen, blickt er nach der Heimkehr kurz auf seinen Stundenplan im Mini-PC und weiß sogleich, daß es wieder einmal Zeit ist, sich mit seiner geliebten Frau zu vereinigen. Und tatsächlich, wie ein wilder Junger beim ersten Mal, greift er nach ihr, läßt sie seine geschwellte Erregung deutlich erkennen und erwartet dafür zu Recht hellauflodernde Begeisterung, ja zügellose Entrückung.

Nach getaner Arbeit legt er sich beruhigt zurück und freut sich über die Einhaltung seines Planes. Denn nichts kann einen altgedienten Ehemann mehr aus der Fassung bringen als unerwartete Ereignisse, Veränderungen, Umwälzungen, Ausfälle, Verschiebungen, Unvorhersehbares, ja ganz Unbekanntes. So hält der Mann eisern an seinen fixen Zeiten fest. Die ganze Woche kann er sich auf seinen Samstagabend freuen. Er weiß es genau, auch sie, die Seine, sie kann es kaum mehr erwarten.

Umso entsetzter, ja nervlich völlig fertig ist unser braver Mann, als er bei der 271. Wiederholung dieser Wochenendgestaltung von seiner undankbaren Frau schon am Beginn seiner gezielt zärtlichen Vorbereitungsumarmung hören muß, sie würde ihr Glück eigentlich lieber in Morpheus' Armen suchen. Während er ob dieser unverzeihlichen Verletzung seines Lieblingsrituals innerlich massiv aufgewühlt um die Wiedergewinnung seiner verlorenen Fassung ringt, versucht ihm seine widerspenstige Partnerin, die ihn einst angeblich liebte, zu erklären, daß sie wohl seine Verläßlichkeit überaus schätze, aber ganz heimlich unter ihrer Bettdecke ein kleines bißchen davon träume, eine leichte Variante ihres grundsätzlich wahnsinnig glücklichen Sexuallebens kennenzulernen.

Er – inzwischen aufrecht sitzend – muß seinen schwer gewordenen Kopf mit seinen kräftigen Armen stützen, ist für ihn doch seine kleine Welt der Sicherheit und des Glücks ansatzlos in sich zusammengestürzt.

Sie – derweilen schon alles Gesagte bitter bereuend - streichelt über seinen gebeugten Rücken. Hilflos, aber umso verzweifelter; hat sie sich doch dazu hinreißen lassen, etwas für sich selbst zu wünschen. Hatte ihr ihre Mutter denn nicht immer geraten, dem Mann seinen Willen zu lassen, sich ihm in allen Lebenslagen demütig anzupassen und, vor allem, ihren Körper bei Bedarf bereitzuhalten?

Er, schwer atmend, von langsam verschwindenden scharlachroten Flecken gezeichnet, rafft sich endlich zu einem Verteidigungsakt auf. Ob sie denn nicht glücklich sei, er vielleicht nicht genug verdiene, wie lange sie das Ausgesprochene schon in ihrem Kopf herumtrage, wieso sie ihm nie etwas gesagt habe, ob er gar ein schlechter Liebhaber sei, andere Männer bei ihr vielleicht besser gewesen wären?

Sie, von diesen stakkatoartig ausgestoßenen Fragesätzen überfordert, kann momentan nur ihre zarten Hände ringen, kaum aber einen hörbaren Laut ansetzen. Gerne hätte sie ihm gesagt, wie sehr sie ihn doch liebe, aber oft davon träume, einmal an einem anderen Abend ihm so innig nah zu sein. Wie herrlich es sein müßte, mitten unter der Woche, auch wenn der nächste Tag wie immer für ihn ein ganz schwerer sein würde, den Rahmen zu sprengen und einmal zehn Minuten später als geplant einzuschlafen. Solch eine unvorhersehbare Abwechslung, was für eine wunderbare Vision.

Er – im Grunde seines Herzens voll des guten Willens – spürt, was sie möchte. Auch wenn er sie nicht begreifen kann in ihrer unerwarteten Fremdheit, überwindet er tapfer das schmerzhafte Ziehen in seiner Brust, richtet sich auf und verspricht ihr, einen neuen Anfang zu machen. Obwohl es für ihn eine völlige Neuorganisation seines Lebens bedeute, habe er sich ihr zuliebe entschlossen, sie ab sofort jeden Freitag in eine eheliche Umarmung miteinzubeziehen.

Eifersucht

Bei einer Fernsehdiskussion gestand eine Teilnehmerin, ihren Mann so sehr zu lieben, daß sie sich für ihn freute, als er endlich einmal die Dienste einer anderen Frau genießen konnte. Der dazu befragte Sexualprofessor begrüßte diese Initiative und wies erklärend darauf hin, daß es nun einmal besonders attraktive Menschen gäbe, deren Kapazitäten niemals von einem Sexualpartner allein genutzt werden könnten. Es wäre daher geradezu eine unverzeihliche Verschleuderung, solche Prachtexemplare in ein Kammerl zu sperren, anstatt sie der Allgemeinheit zur gefälligen Verwendung anzubieten. Ich glaube kaum, daß dagegen ein wirklich gewichtiges Argument hervorgekramt werden kann, sieht man von überholten Konzepten ab, die in alten Moralläden vor sich hinstauben. Da ich meine Frau liebe, wäre ohne Frage auch bei mir die Freude entsprechend groß, würde sie sich einmal einen anderen Mann gönnen.

Sollten Sie beim Gedanken an diese Form einer optimalen Nutzung der körperlichen Ressourcen ihres Partners von Eifersuchtsanfällen gequält werden, kann ich Ihnen versichern, daß Ihr Selbstbewußtsein an Unterernährung leidet. Wer von uns Männern hat es denn wirklich nötig, den Vergleich mit anderen Konkurrenten zu scheuen? Ich zum Beispiel bin felsenfest davon überzeugt, als ein wahres Juwel von Ehemann einfach unersetzlich zu sein. Wer sollte wohl ernsthaft an meine Stelle treten wollen? Deshalb befinde ich mich in der glücklichen Lage, fast überhaupt nicht eifersüchtig zu sein. Unverständlicherweise scheint meine Frau dies einfach nicht glauben zu wollen.

Eines Abends, als ich mich eben zur Ruhe begeben wollte, unterstellte sie mir nicht nur, grundsätzlich von Eifersucht zerfressen zu sein, sondern behauptete überdies, ich würde solchen Gefühlen der persönlichen Insuffizienz weitaus stärker ausgeliefert sein als sie!

Sie werden mir sicher zustimmen, wenn ich behaupte, daß wir Männer ob unseres stabilen Selbstwertgefühls jede Art von eifersüchtigen Regungen lediglich aus Trivialromanen kennen. Andererseits möchte ich gar nicht verhehlen, daß es auch für uns, von überlegener Gelassenheit geprägten Menschen, einige wenige spezifische Situationen gibt, deren Tolerierung wohl von jeder einigermaßen normalen Frau als Schwäche, ja als Desinteresse an ihrer Person ausgelegt würde. Doch lesen Sie zuerst folgende Geschichten und bilden Sie sich selbst ein Urteil.

Da ich ein überaus entgegenkommender, jedem meiner Mitmenschen alles von Herzen gönnender Mensch bin, verzichtete ich eines Abends auf die mir zustehende sportliche Abendgestaltung und erklärte mich nach kurzem innerlichen Ringen freundlicherweise dazu bereit, meinen Kindern einmal ihren Vater zu zeigen. Damit ermöglichte ich es meiner jungen Frau, bei einer Nachbarin an einer dieser aberwitzigen Tupperparties teilzunehmen, wo willfährigen Kundinnen ihr letzter Heller entwendet wird. Nach Ende des Fernsehprogrammes begab ich mich zur Ruhe, bemühte mich aber, noch längere Zeit wach zu bleiben, um meiner heimkehrenden Gefährtin eine gute Nacht wünschen zu können.

Ob meiner aufwühlenden Tätigkeit als Babywächter heftig ermüdet, nickte ich ungewollt ein. Meine enorme Sorge um einen gesundheitsgefährdenden Schlafmangel meiner geliebten Frau ließ mich jedoch mehrmals aufschrecken. So genau ich jedesmal hoffnungsvoll ihre Liegestatt mit meinen erschreckten Augen abtastete, so leer blieben die Laken, während die Nacht Stunde um Stunde an den kommenden Morgen verlor. Zwar wußte ich um das Erwachsensein meiner Frau, ebenso wie um die Nähe der von ihr aufgesuchten Wohnung, kannte aber auch die Gefahren der Nacht. Von der Angst, es könnte ihr doch etwas zugestoßen sein, überwältigt, griff ich zum Telefon.

Ich rechnete zwar mit dem Schlimmsten, mußte mir aber einfach Klarheit verschaffen.

Als die Nachbarin den Hörer endlich abhob, hörte ich im Hintergrund das Klirren von Gläsern, überdrehtes Gelächter von Männern und das kehlige Gurren enthemmter Frauen. Die Party schien auf dem Höhepunkt, und ich spürte, wie erotisch aufgeladen, ja explosiv die Stimmung war. Mit aufgerauhter Stimme und knappen Worten verlangte ich nach meiner Liebsten. Meinen angespannten, überwachen Sinnen entging es nicht, daß dort etwas Ungeheuerliches im Gange sein mußte. Während ich Schwachkopf auf ihre Kinder aufpaßte, nahm meine junge, erlebnishungrige Frau offensichtlich an einer, jedwede Schranken vergessenden Orgie teil. Mit forschen Sätzen forderte ich ihre sofortige Heimkehr, was sie, überaus heiter wirkend, glattwegs ablehnte! Sie könne schließlich nicht dafür verantwortlich gemacht werden, wenn ich unter Schlafstörungen leide. Nachdem ich wortlos aufgelegt hatte, rasten schreckliche Gedanken durch meinen blutleeren Kopf, doch mein entkräfteter Körper trieb mich in die heilsamen Arme des Morpheus. Natürlich leugnete meine Frau am nächsten Morgen heftig, an diesen exzessiven erotischen Festspielen beteiligt gewesen zu sein. Dennoch war von diesem Tag an nichts mehr so wie zuvor.

Leider mußte ich auch noch andere Erfahrungen sammeln, die in ihrer Dramatik mit der zuvor beschriebenen Geschichte keinen Vergleich zu scheuen brauchen. Jahre danach hatte ich in meiner Güte die Zügel wieder schleifen lassen und meiner Frau gestattet, zu einem Klassentreffen in ihre alte Heimat zu reisen. Da ich aber immer noch an das Gute im Menschen glaubte, hatte ich mich trotz eines mulmigen Gefühles auf dieses Wagnis eingelassen. Umso böser aber das Erwachen.

Als ich eines Tages nach einem schweren Arbeitsvormittag unerwartet nach Hause kam, um kurz auszuspannen und danach wieder gestärkt meinen Dienst an der Menschheit ausüben zu können, hörte ich durch die Eingangstüre meine Frau telefonieren. Die rechte Hand schon fast auf der Klinke, ließ mich etwas instinktiv abrupt stoppen. Ich hielt den Atem an, legte mein Ohr an das Türblatt und spürte sofort, was da im Gange war. An der

Wortwahl, vor allem aber an der Tonmelodie erkannte ich, daß die Gute mit einem Manne sprach. Obwohl ich auch das nicht gern sehe, wenn ich nicht dabei bin, hätte ich es vielleicht gerade noch tolerieren können. Bald aber merkte ich, daß diese gestrauchelte Existenz – es war, wie Sie sicher schon ahnen, ein Schulkamerad – meiner Frau offensichtlich eindeutige Angebote machte, die sie, wahrscheinlich meine lauschende Existenz intuitiv ahnend, scheinbar ablehnte. Dennoch wußte ich, daß ich auf der Stelle mit Macht einschreiten mußte. Entschlossen drückte ich die unversperrte Tür auf – so sicher hatten sie sich gefühlt, die beiden – und hatte natürlich erwartet, daß meine Frau auf frischer Tat ertappt, den Hörer sofort auf die Gabel werfen und irgendeine Ausrede präsentieren würde.

Sie aber tat nichts dergleichen!

In meinem berechtigten Wunsch nach sofortiger Aufklärung dieser peinlichen Situation, stellte ich mich direkt neben sie. Meine umworbene Liebste ließ sich dennoch nicht daran hindern, mit diesem frechen Kerl einfach weiterzusprechen, als wäre dies die normalste Sache der Welt! Ruhelos durchquerte ich einige Male die Küche, während meine aufgescheuchten Gedanken meinen Handlungsspielraum durchmaßen. Meine Frau hatte inzwischen anscheinend alles geklärt und kam lächelnd auf mich zu. Obwohl ich ihr auf den Kopf zusagte, daß ich alles wisse und eine Erklärung fordere, ließ sie mich einfach stehen und meinte, ich sollte lieber froh sein, daß sie das Angebot diesmal nicht angenommen habe, aber es könnte ja noch werden.

Eine weitere Steigerung dieser unglaublichen Kühnheiten schien kaum mehr möglich. Dennoch wurde mir solch eine außergewöhnliche Erfahrung zuteil.

Als wir eines Abends gerade im Begriffe waren, ein Restaurant der Spitzenklasse aufzusuchen, um den verwöhnten Gaumen meiner Frau mit erlesenen Speisen zu befriedigen, unterbrach das aufdringliche Läuten des Telefons unsere letzten Vorbereitungen. Ihren sonstigen Gewohnheiten völlig zuwiderlaufend, hob sie ohne zu zögern merklich erwartungsvoll ab. Aufgrund ihres Timbres ahnte ich schon, daß es sich hierbei nur um jenen unverschämten, jugendlichen Verehrer handeln konnte, der es einmal gewagt hatte, sich bei mir heftigst zu beschweren, daß er vergeblich auf meine Frau gewartet hätte. Als ob ich für ihren Terminkalender verantwortlich zeichnen würde!

Während ich bereits bemäntelt ausgehfertig dastand und dadurch gezwungen war, alles mitzuhören, bekam ich die halbherzigen Absagen meiner Frau auf die unglaublichen Offensiven dieses jungen Schnösels live ins Haus geliefert. Hatte dieser Kerl doch glatt die Frechheit, meine Liebste in seine sturmfreie Bude einzuladen! Ihr unüberhörbares Bedauern, dieses offensichtlich verlockende Angebot nicht annehmen zu können, trug nicht gerade zu meiner Beruhigung bei. Ich traute meinen Ohren nicht, als dieser ungezogene Bursche trocken meinte, ich sollte mir den Mantel wieder ausziehen, denn mit mir könnte meine Frau doch jederzeit, mit ihm aber nur heute.

Da meine Süße es neben mir aber nicht wagte, unser geplantes Essen abzusagen, verlor dieser läufige Knabe den Rest seiner Contenance und fragte sie, ob sie denn nicht im Anschluß an das völlig unnötige Mahl seine aufgestauten Sehnsüchte befriedigen könnte. Daß dieses pubertierende Würstchen drei Tage zuvor von meiner Frau auf meine Kosten zum Essen eingeladen worden war, hatte ich noch toleriert. Jetzt aber platzte mir endgültig der Kragen. Ich riß mit äußerster Grobheit den Hörer an mich und machte diesen penetranten Wicht zur Schnecke.

Leider legte der Feigling gleich auf, da er der Wucht meiner hingeknallten Kommentare nicht gewachsen war. Richtig wütend wurde ich allerdings erst danach, als meine Frau behauptete, ich hätte mich mit meinem Eifersuchtsanfall extrem lächerlich gemacht. Schließlich habe dieser arme Kerl außer seinem jugendlichen Körper doch sonst nichts, worauf er bauen könnte. Abgesehen davon sei sie aufgrund meiner nachlassenden Manneskraft geradezu gezwungen, sich anderweitig umzusehen.

Sie werden verstehen, daß ich mir das nicht mehr gefallen lassen konnte. Während ich demonstrativ die Wohung verließ, wählte meine Frau gerade die Nummer ihres jugendlichen Liebhabers.

Seitensprünge und andere Treulosigkeiten

GRUNDSÄTZLICHE ÜBERLEGUNGEN

Obwohl sich nahezu alle Menschen einen ihnen treu ergebenen Partner wünschen, tendieren viele – manche gleich, andere erst nach Jahren – dazu, selbst starke Bedürfnisse nach näheren Kontakten mit noch unerforschten Angehörigen des anderen Geschlechtes zu entwickeln. Während ängstliche und ruhebedürftige Zeitgenossen auf die Realisierung ihrer Träume verzichten, stürzen sich unternehmungslustigere Kandidaten geradezu auf außertourliche Abenteuer.

Die moralische Bewertung solcher Ausrutscher hängt vor allem von der Weltanschauung des Betrachters ab. Für charakterlich Gefestigte gelten derartige Aktionen als hinterhältige, unverzeihliche Attacken gegen jedes sittliche Empfinden und sind einfach durch nichts aus der Welt zu schaffen. Hingegen könnte bei weniger aufrechten Mitmenschen manches unter Umständen noch der Verzeihung anheimfallen. Als auch bei moralisch hochstehenden Menschen zumindest gedanklich nachvollziehbar gelten jene Lustaktionen, bei welchen der Ausführende nach zügellosen Saufereien im Zustand der Unzurechnungsfähigkeit außerhäusliche Hautkontakte aufnimmt, ohne es wirklich zu wollen. Auf mildernde Umstände dürfen hier vor allem weibliche Kandidaten hoffen, deren geringere Alkoholverträglichkeit oft zu starken Kontrollverlusten führt. Da Frauen in benommenem Zustand verstärkt dazu tendieren, jenen frivolen Avancen freudig zuzustimmen, denen sie nüchtern völlig abgeneigt scheinen, zählen sie zur Gruppe der besonders Gefährdeten, denen daher unser ganzes Mitgefühl gehört.

Doch nicht alle gehörnten Ehemänner hängen dieser fortschrittlichen Auffassung an. Schließlich bestünden zwischen den Geschlechtern gerade in diesem diffizilen Bereich nicht zu leugnende, gravierende Unterschiede in den Ausgangsbedingungen. Heranwachsende junge Männer können sich bekanntlich unter ihresgleichen nur dann behaupten, wenn sie in der Lage sind, möglichst häufig von intimen Erlebnissen mit gefallenen Mädchen zu berichten. Der Wechsel in den Ehestand und die damit einhergehende Verpflichtung der Beschränkung auf einen Partner bedeutet für einen Mann eine geradezu paradoxe Situation, deren Bewältigung oft erst nach vielen substanzraubenden Irrwegen möglich ist. Eine heroische Gewaltleistung, die gar nicht hoch genug eingeschätzt werden kann.

Obwohl ich aufgrund meiner mangelnden Attraktivität in der Jugend ein Ausbund an Treue sein mußte, erlebe ich heute, wie schwer sogar ich zu kämpfen habe, all den Versuchungen zu widerstehen, denen der gewöhnliche Ehemann ausgesetzt ist.

Um wieviel leichter fällt es doch den verehelichten Frauen, ihre versprochene Treue auch zu leben. Schließlich haben sie in ihrer Jugend gelernt, aufkeimende Lüste in hauswirtschaftliche Tätigkeiten umzusetzen. Somit ist ihnen jenes drängende Begehren fremd, das Männern so zu schaffen macht. Seitensprünge von Frauen gelten daher auch in der heutigen Zeit als Zeichen moralischer Unkultur, muß es sich nämlich bei solchen weiblichen Geschöpfen um ausgesprochen lüsterne und haltlose Exemplare handeln, deren Geist zum Spielball ihrer Triebe wurde.

Da die meisten Männer insgeheim befürchten, ihre Gefährtin könnte sich im Laufe der Zeit als derartige Schlampe herauskristallisieren, versuchen sie, ihren Bewegungsspielraum so weit wie möglich einzuengen. Mit solch kleinmütigen Figuren, die ihre Partnerinnen am liebsten mit dem bewährten Keuschheitsgürtel ruhigstellen möchten, will ich aber absolut nicht in einen

Topf geworfen werden. Dem Tun und Lassen meiner Frau sind nämlich keinerlei Grenzen gesetzt, solange sie darauf verzichtet, mich über Details ihrer erotischen Abenteuer zu unterrichten. Außerdem hat sie mir fest versprochen, auch dann alles zu leugnen, sollte ich sie direkt am Mann beobachten können. Ich bin daher in der beneidenswerten Lage, niemals der Kategorie der schändlich Betrogenen angehören zu müssen.

Während ich als grundsätzlicher Gegner intimer Kontakte außerhalb bestehender Beziehungen keine Veranlassung habe, meiner Gefährtin alles zu beichten, fühlen sich manche Fremdgänger innerlich gerade dazu getrieben, ihren Partner durch farbenfrohe Schilderungen an ihren aufregenden Erfahrungen teilhaben zu lassen. Obwohl ihnen ihre mangelnde Diskretion bald darauf leid tut, verhindern die erwähnten Detailkenntnisse vom Tatort auch nach längerer Zeit gewünschte Korrekturen. Vorurteilsfrei betrachtet, bringen derartige Geständnisse nur selten Verbesserungen für den Täter und noch viel weniger für das damit unerwartet konfrontierte Opfer. Viele dieser oft erst nach Jahren ungewollt Aufgeklärten erleiden meist einen schweren Schock, in dessen Folge sie dazu übergehen, ihre eheliche Gemeinschaft, an der sie sich lange Zeit erfreuen konnten, plötzlich als eine einzige Lüge zu bezeichnen.

Nachdem sie ihren Partner als Sofortmaßnahme in die Wüste geschickt haben, fühlen sie sich bemüßigt, die restlichen Tage ihres einsamen Lebens ständig über ihre nachträglich umgedeutete Beziehung dahinzujammern. Hat sich der Rausch der Vergeltung verflüchtigt, träumt manch einer intensiv von einer Wiedervereinigung mit dem so vorschnell verstoßenen Fremdgänger. Zahlreiche, weitgehend zufrieden miteinander lebende Paare könnten sich eine Trennung ersparen, würden sie nicht körperliche Naschereien in Nachbars Garten in ihrer Bedeutung so maßlos überschätzen.

TAKTISCHE MASSNAHMEN

Haben Sie angegriffene Nerven, ein geschwächtes Immunsystem, Kreislaufbeschwerden, ein erbliches Risiko eines Herzinfarktes, moralische Hemmungen oder einfach viel zu tun, sollten Sie sexuell angehauchte Auswärtspunkte grundsätzlich vermeiden. Blättern Sie in diesem Fall rasch weiter. Ansonsten könnten Sie auf unerwartet reizvolle Gedanken kommen, deren Realisierung Ihren labilen Allgemeinzustand noch weiter gefährden würde. Zählen Sie aber zu jenen unersättlichen Zeitgenossen, die das Treuegelöbnis für eine unzumutbare Einschränkung ihres persönlichen Freiraumes halten, sind Sie gut beraten, sich an die im folgenden Abschnitt beschriebenen Erfahrungen erfolgreicher Sexkonsumenten zu halten.

Wie bei der Auswahl des ständigen Partners ist auch bei der Planung jeder gelungenen Auswärtspartie äußerste Sorgfalt und Umsicht vonnöten. Schließlich handelt es sich dabei um Intimitäten, die nicht gerade mit dem erstbesten Kandidaten ausgetauscht werden sollten.

Während aber Männer in ihrem eindimensionalen Denken und ihrer animalischen Triebhaftigkeit auch auf ein Mindestmaß an Qualität verzichten können, sofern ihnen ungehinderter Zugang zu den ihnen fehlenden Geschlechtsmerkmalen ermöglicht wird, denken Frauen anscheinend an eine mögliche Fortpflanzung und verlangen zumindest ein Minimum an Ansehnlichkeit des männlichen Anwärters. Diese empfehlenswerte Weitsicht erspart ihnen nicht nur unerträgliche Schockerlebnisse nach Verebben des ersten Sinnesrausches, wenn sie am Morgen danach ihren Kopf zur Seite drehen, sondern meist auch weiterreichende Komplikationen, denen sich der Allmacht ihrer Begierden ausgesetzte Männer häufig gegenübersehen. Müssen doch letztere – endlich wieder im Besitz einer gewissen Klarsicht – nicht nur oft ein äußeres Erscheinungsbild ihrer Gefährtin zur Kenntnis nehmen, das ihrem Geschmack nicht zur Ehre gereicht, sondern registrieren, daß sie das ungewünschte Glück hatten, einer suchenden, ungebundenen Partnerin begegnet zu sein. Manche gutbürgerliche Ehe entging nur deswegen einer langjährigen Fortsetzung, weil zuvor isolierte weibliche Wesen sich stur darauf konzentrierten, den männlichen Teil aus dieser Beziehung herauszuschießen, um ihn sich anschließend einzuverleiben.

Beabsichtigen Sie, wie die meisten unter uns, lediglich vorübergehend auf einer anderen Wiese zu grasen, werden Sie doch deswegen nicht das ganze Grundstück kaufen.

Achten Sie daher immer auf den Familienstand Ihres potentiellen Fehltrittes und meiden Sie grundsätzlich unter ihrer Einsamkeit leidende Einzelgänger. Doch nur Anfänger lassen sich durch das Wissen vom Bestehen einer fixen Verbindung ihres Bettkameraden in Sicherheit wiegen. Erkundigen Sie sich unbedingt äußerst genau über den realen augenblicklichen Zustand dieser Beziehung. Geben Sie sich aber nicht mit Vermutungen, ungenauen Erklärungen oder Gerüchten zufrieden. Sprechen Sie mit Bekannten und Verwandten Ihres ins Auge gefaßten Partners und scheuen Sie auch nicht davor zurück, sich an die Staatspolizei zu wenden. Erst wenn Sie sich völlig sicher sein können, daß das Objekt Ihrer Sehnsucht wirklich glücklich verheiratet ist und keinesfalls nach einer idealen Absprungbasis sucht, sollten Sie dem Gedanken nähertreten, diesem Menschen Ihre intimsten Stellen zur Einsicht vorzulegen.

Würden sich alle Auswärtsspieler dieser Vorgangsweise befleißigen, könnte unsere aufgemotzte Scheidungsstatistik erfreulichere Werte annehmen.

Haben Sie sich nach den nötigen Recherchen endlich dazu durchgerungen, Ihrem inneren Schweinehund seinen Willen zu lassen, stehen Sie vor dem oft fast unlösbaren Problem, einen brauchbaren Platz für Ihre unmoralischen Umtriebe zu finden. Nur wenige Auserwählte können bei den heutigen Immobilienpreisen auf eine, ausschließlich erotischen Abenteuern gewidmete, eigene Heimstätte zurückgreifen. In ihrer Not schrecken krankhafte Fremdgänger nicht einmal davor zurück, ihre eheliche Liegestatt zu mißbrauchen. Absolut verwerflich, unbeschreiblich stillos und durch nichts zu rechtfertigen! Während man sich als junger Mensch in Autos vergnügte, kommt dies für reifere Semester aufgrund der meist schon ziemlich eingeschränkten Beweglichkeit kaum mehr in Frage.

Seinerzeit als romantisch durchaus geschätzt, kommt auch Liebe unter freiem Himmel nicht mehr in die engere Wahl. Erfordert dies doch neben lauen Nächten zumindest eine fusselfreie Decke, die ständig im Kofferraum mitgeführt, unangenehme Fragen auslösen kann.

Ohne solch eine Unterlage könnten lästige Insekten sogar der rauschenden Stimme des Blutes problemlos den Rang ablaufen. Viele geplante Aktionen scheitern daher bereits in diesem Stadium.

Gelingt es Ihnen aber, all diesen Widrigkeiten zum Trotz, die nötigen räumlichen Voraussetzungen zu schaffen, sind Sie doch noch nicht am Ziel.

Die meisten verehelichten Menschen besitzen nämlich einen wesentlich geringeren Freiraum als sie glauben. Von früh bis spät in jeder Richtung minutiös verplant, wird Ihnen dies erst deutlich, wollen Sie einmal etwas unternehmen, was nicht in diesen Rahmen paßt. Betreiben Sie zum Beispiel mehrmals in der Woche regelmäßig Sport, wäre es bei Bedarf unter Umständen möglich, solch einen Abend für einen amourösen Ausflug zu verwenden. Da Sie dabei auf die stillschweigende Duldung Ihrer Vereinskameraden angewiesen sind, zwingt Sie die daraus resultierende Abhängigkeit nicht nur zu permanenter Dankbarkeit, sondern stellt auch zugleich einen ständigen Unsicherheitsfaktor dar.

Während Sie als Frau aufgrund der mangelnden Solidarität Ihrer Geschlechtsgenossinnen grundsätzlich gefährdet sind, können Sie sich als Mann zwar eher auf das Schweigen Ihrer Freunde verlassen, müssen aber dennoch jederzeit damit rechnen, aufgedeckt zu werden. Manch angeblicher Kamerad ist nämlich nicht abgeneigt, bei günstigem Wind eigene Interessen zu verfolgen und Ihrer unwissenden Frau gegenüber kleinere Bemerkungen fallen zu lassen, um nach geweckter Neugier nähere Informationen über Ihre sporadischen Abwesenheiten nachfolgen zu lassen. Um solche ungewollten Kalamitäten zu vermeiden, stellt die Unüberprüfbarkeit gewisser Zeitspannen ein Muß dar. Vermeiden Sie daher ein allzu regelmäßiges Heimkommen, machen Sie ausgedehnte Spaziergänge zu Ihrem Hobby und sichern Sie sich von Anbeginn Ihrer Beziehung einen Abend zur freien Verfügung, ohne jede Verpflichtung, über Ihre Tätigkeiten Auskunft geben zu müssen.

Kontraindiziert sind auch brisante Telefongespräche im Eigenheim, besonders bei Anwesenheit aufgeweckter, sprechfähiger Kinder. Solange sich diese noch im Stadium unverständlicher Einwortsätze befinden, sind Privatgespräche gerade noch möglich. Hat Ihr hoffnungsvoller Nachwuchs die sprachliche Ausdrucksfähigkeit eines Geschichtenerzählers erreicht, werden Sie im Normalfall detailliert über die Familienverhältnisse Ihres Gesprächspartners Auskunft zu geben haben. Da Kindern eine gewisse Mitteilungsfreudigkeit nicht abzusprechen ist, dürfte auch Ihr Partner noch am selben Tag in den Genuß einer inhaltlichen Zusammenfassung Ihrer Turtelaktion kommen.

Im Zeitalter der kritischen Frau können Sie als Mann mit der urigen Methode der draufgängerischen Direktheit nur mehr bei jenen Damen landen, die einen deutlichen Rückstand in ihrer kognitiven Entwicklung aufweisen. Da ich nicht glauben kann, daß gerade Sie zur kleinen Gruppe der trotzig unsensiblen Männer gehören wollen, sollten Sie im eigenen Interesse Ihren Säbel lieber mit dem Florett vertauschen, um die augenblicklichen Bedürfnisse Ihres anvisierten Opfers zu erkennen. Fahren Sie daher rechtzeitig Ihre Antennen aus, und erspüren Sie gefühlvoll Kanten, Ecken, Fußangeln und andere Fallen auf dem Weg zum angestrebten Ziel.

Schildern Sie nämlich unbedacht das Erleben außerehelicher Varianten gerade solch einer Frau in den schönsten Farben, deren Gatte sie häufig mit reich verzierten Erzählungen über seine intimen Handlungen mit anderen Partnerinnen beglückt, dürfen Sie sich nicht wundern, wenn Ihre Einladung, mit Ihnen gemeinsam ins Bettchen zu hüpfen, bei Ihrem Gegenüber lediglich ein krampfhaftes Zucken der Augenlider auslöst.

Aktivieren Sie in diesem Fall sämtliche Rudimente Ihres männlichen Einfühlungsvermögens und versichern Sie einer so rüde behandelten Frau, daß Sie für ihre Lage natürlich größtes Verständnis haben und überdies zu jenen seltenen Exemplaren gehören, deren einziges Trachten und Sehnen dem Gleichklang zweier Seelen gilt.

Zeigen Sie sich auch beim nächsten Treffen als Ausbund an Zurückhaltung, zugleich aber als aufmerksamer Galan. Wenn Sie es eines Tages zum Vertrauten Ihrer Lotosblüte gebracht und alle Einzelheiten ihrer vertrauensvollen Erzählungen mit traurigen Augen und kurzen zustimmenden Ausrufen quittiert haben, ist das Eis gebrochen. Sollte Ihnen dennoch kein einziger Auswärtspunkt gelingen, liegen Ihre Begabungen vermutlich in anderen Bereichen. Moralisch stehen Sie aber weit über jenen Männern, die in Form einer Zwangshandlung versuchen, jedweder weiblichen Erscheinung, derer sie habhaft werden können, ihren männlichen Stempel aufzudrücken. Da Frauen mit Niveau solch primitive Endzweckfetischisten schon im Ansatz erkennen, sind diese lästigen Vertreter unserer Zunft von vornherein zum Scheitern verurteilt. Besitzen Sie besser durchblutete Gehirnganglien, die Ihnen geschicktere Strategien ermöglichen, werden Sie sicher wesentlich erfolgreicher sein.

Scheuen Sie sich nicht, als Wolf im Schafspelz mit der bewährten Methode des demonstrativen Desinteresses in eine urweibliche Domäne einzubrechen. Haben Sie sich ein attraktives Opfer ausgesucht, lassen Sie mit Hilfe der Körpersprache keinen Zweifel an Ihrer totalen Ambitionslosigkeit aufkommen. Steigt Ihre Auserwählte auf diese unterschwellige Provokation ein, befindet sie sich schon auf der moralischen Rutschbahn, auch wenn sie Ihnen lediglich verbale Kontakte ermöglicht. Erklären Sie Ihrer Herzensdame so nebenbei, wie sehr Sie die weiter oben erwähnten Aufreißfanatiker verachten, würden diese doch keinerlei Respekt vor der weiblichen Würde kennen. Schweigen Sie anschließend bedeutungsvoll, werden Sie in den Augen dieser Frau als Exemplar der reinsten Lauterkeit gelten. Löst nun deren deutlich aufforderndes Lächeln bei Ihnen lediglich einen distanziert freundlichen Blick, aber völlig unerwartet keine Annäherungstendenzen aus, dürfte Ihre Auserwählte mit großer Wahrscheinlichkeit die alten, ausgetretenen Pfade ihres Handelns verlassen.

Unter dem Druck, die eigene gefährdete Attraktivität wieder ins rechte Lot zu bringen, wird Ihnen die scheinbar Verschmähte ein direktes Angebot unterbreiten, was Sie nach kurzem Zögern warm lächelnd annehmen sollten. In ihrem unwiderstehlichen Drang nach Selbstbestätigung neigen Männer dazu, bei ihren Avancen meist keine Frage nach dem Ziel ihres Tuns offen zu lassen. Die so heftig umworbenen Frauen haben es daher kaum nötig, ihrerseits einen wesentlichen Beitrag zu leisten.

Zählen Sie, liebe Leserin, zur verschwindenden Minderheit jener Frauen, denen Männer nicht ständig zu nahe treten, dürfen Sie sich von mir keine Hilfe erhoffen. Stehe ich doch aufgrund mangelnder eigener Erfahrungen der weiblichen Seele eher ratlos gegenüber. Selbst meine eigene Gefährtin gab vor, keinerlei Ahnung zu haben, wie sie es anstellen könnte, von ihr genehmen Partnern mit eindeutigen Angeboten überhäuft zu werden. Obwohl sie nämlich durchaus willig sei, ihre weibliche Anziehungskraft einem Praxistest zu unterziehen, fehle ihr dazu die Gelegenheit. Die sie umschwirrenden Männer würden angeblich auf deutlich merkbare Vorstöße verzichten.

In ihrer Sucht nach außergewöhnlichen Erlebnissen schreckte sie nicht einmal davor zurück, mich, ihren eigenen Ehemann, auszuquetschen, mit welchen Methoden es anderen Frauen gelänge, mich so weit zu bringen, ihnen Vorschläge zur körperlichen Vereinigung darzulegen. Wenn ich auch nicht leugnen möchte, mich in stillen Stunden schon einmal zumindest gedanklich mit den physischen Vorzügen anderer Geschlechtspartner beschäftigt zu haben, habe ich es niemals gewagt, meine heimlichen Wünsche zum Leben zu erwecken. Als ich meiner Liebsten daher keinerlei Ezzes geben konnte, habe ich es zum ersten Mal wirklich bereut, derartig spröde zu sein.

Da ich aber, unnötig zu erwähnen, meine Frau liebe und ihr darob jedes Vergnügen gönne, konnte ich nicht umhin, zahlreiche Bekannte und Freunde zu befragen und ihr das Ergebnis meiner Recherchen in ausführlichen Erläuterungen von Fallbeispielen nahezubringen. Obwohl meine Liebste schon relativ lange in der Stadt lebt, beeinträchtigt ihr ursprünglich ländliches Mißtrauen die Glaubwürdigkeit meiner Informationen.

Trotz meiner angestrengten Versuche, ihr unter die Arme zu greifen, konnte sie es einfach nicht fassen, welches Minimum an signalisierter weiblicher Willfährigkeit den gewöhnlichen Mann in Paarungsstimmung versetzen kann. Jeder wird sicher verstehen, daß auch meinem Engagement als Lehrer Grenzen gesetzt sind. Doch vor kurzem erntete ich endlich den Erfolg meiner langjährigen Bemühungen.

Kaum hatte ich eines Tages nichtsahnend die heimische Schwelle überschritten, fiel mir meine Frau glückstrahlend um den Hals. In ihrer Erregung sprudelten ihre Worttiraden lawinenartig über mich hinweg, daß auch mir vor Freude das Herz überging. Endlich hatte sie es geschafft! Allerdings sei der Richtige für sie noch nicht dabeigewesen, was unserer gemeinsamen Euphorie aber keinen Abbruch tat. Als ich in meinem Drang nach reiner Erkenntnis wissen wollte, wie ihr der große Wurf gelungen sei, lächelte sie nur.

Die sexuelle Wiedergeburt

GRUNDSÄTZLICHE ÜBERLEGUNGEN

Kommen Paare in die mittleren Jahre, haben sie meist größte Mühe, die Anzahl der statistisch vorgesehenen sexuellen Vereinigungen zu schaffen. Obwohl es, wenn man Umfragen glauben darf, bei längerdienenden Ehemännern gerade noch einmal in der Woche für eine Potenzdemonstration reicht, wünschen sie sich angeblich ein Vielfaches dieser intimen Kontakte.

Leider finden sich keine Angaben darüber, ob diese

Phantasien auf die eigene Partnerin oder auf unbekannte weibliche Wesen gerichtet sind.

Wollen Sie endlich Ihren eigenen Bedürfnissen auf die Schliche kommen, sollten Sie meinem Beispiel folgen und mindestens ein Jahr lang bei jeder ehelichen Begegnung Ort, Datum und Uhrzeit festhalten. An der sich daraus ergebenden Verlaufskurve werden Sie Ihre persönlichen Vorlieben und Ihre stärksten und schwächsten Tage erkennen.

Auch wenn Ihnen Ihre langgedehnten Keuschheitsphasen unerklärlich und unwirklich erscheinen, sollten Sie dennoch dazu stehen und sich darüber freuen. Ist es Ihnen doch gelungen, gemeinsam mit Ihrem Partner jene lichten Höhen einer erfüllenden Beziehung zu erreichen, wo primitive körperliche Bedürfnisse durch den befruchtenden Austausch hochgeistiger Ergüsse mehr als ersetzt werden. Besonders deutlich kommt dies bei jenen glücklichen Paaren zum Ausdruck, deren unpersönliche Vornamen dem grenzenlose Vertrautheit symbolisierenden „Papa" und „Mama" gewichen sind. Sollten Sie es durch unermüdliches Arbeiten an Ihrer Persönlichkeit so weit gebracht haben, daß Ihre anfangs unreife Beziehung nunmehr durch eine gegenseitige leidenschaftliche Elternschaft definiert wird, kann ich Ihnen nur mehr gratulieren. Da Sie damit den Olymp der ehelichen Gemeinschaft erklommen haben, kann es für Sie keine Steigerung mehr geben. Sie sind daher am Ende.

All jene Unglücklichen aber, die trotz langjähriger Beziehungen mit dem gleichen Partner ernsthaft glauben, erloschenes Feuer zwischen ihren veralteten Körpern neu entfachen zu können, sollten sich mit den folgenden Hinweisen ernsthaft auseinandersetzen.

Leider bin ich aufgrund mangelnder Kompetenz nicht in der Lage, Ihnen, liebe, nach Informationen dürstende Leser beider Geschlechter, eigene, wirklich handfeste Tips für Ihre intimsten Stunden zu geben. Zum Glück sind aber zahlreiche Bücher, Radio- und Fernsehsendungen diesem Thema gewidmet, deren Erkenntnisse ich zu verwerten versuche. Da meine fortbildungswillige Frau ständig einschlägige Zeitschriften mit nach Hause bringt, bin ich nahezu immer auf dem laufenden. Ein Artikel, in dem ein selbsternannter Sexguru sich nicht scheute, aus rein didaktischen Überlegungen, sein eigenes Liebesleben bis ins kleinste Detail einer breiteren Öffentlichkeit zugänglich zu machen, beeindruckte mich besonders.

Dieser bewundernswerte Experte wies eindeutig nach, daß es nur auf das richtige Know how ankäme, um auch in langjährigen Beziehungen heftiges Begehren zum täglichen Brot werden zu lassen. Man müßte lediglich, so wie er mit seiner Gefährtin, den größten Teil des langen Tages damit verbringen, die nach Zärtlichkeit dürstenden Leiber in einem Meer von erregenden Streicheleinheiten zu ertränken. Für sie und ihn gäbe es auf diese Weise eine Leidenschaft ohne Ende. Und das alles in einer immerhin schon nahezu an die zwei Jahre dauernden Verbindung.

Gemeinsam mit meiner Frau übernahm ich sein todsicheres Konzept. Wir haben es auch nie bereut, deswegen unseren Beruf aufgegeben zu haben, weil wir, von einem Höhepunkt zum anderen taumelnd, unsere Wohnung nicht mehr verlassen hätten können, ohne öffentliches Ärgernis zu erregen. Obwohl ich einen authentischen, minutiösen Bericht über unser Sexualleben fertig-

gestellt habe, um allen Lesern zu ähnlichen Höhenflü-
gen zu verhelfen, erinnerte sich meine Frau ihrer kindlichen Prüderie und verbot mir eine Veröffentlichung
unserer paradiesischen Erfahrungen. Andernfalls müßte
ich in Hinkunft mein Leintuch allein verschwitzen. Leider muß ich mich daher darauf beschränken, meine Aus-
führungen sehr allgemein zu halten.

Sprechen Sie über Ihre geheimsten Wünsche

Haben Sie das Unglück, mit einem Partner geschlagen zu
sein, der unbedarft genug ist, ständig an Ihren erogen-
sten Zonen vorbeizutapsen, hätten Sie in Zeiten vor der
allgemeinen Aufklärung schweigend leiden und auf bes-
sere Zeiten hoffen können.

Heute fühlen Sie sich vermutlich gezwungen, Ihre
unerfüllten Bedürfnisse offenzulegen, eine Aufgabe, der
sich die meisten nicht gewachsen zeigen. Während
Myriaden von unausgesprochenen Gedanken durch Ihre
enttäuschte Seele jagen und sich Ihre Lippen aneinan-
derklammern, wird die gespannte Stille lediglich durch
ein kurzes Aufseufzen oder ein verstümmeltes Räuspern
unterbrochen. Da Männer glauben, auch solch schwie-
rige Situationen in den Griff kriegen zu müssen, entschließen sie sich nach längerer Anlaufzeit meist für ihr
bewährtes Konzept der deutlichen Worte. Dennoch passiert es nicht selten, daß es trotz der klaren männlichen
Sprache zu Verständigungsschwierigkeiten kommt.
Benötigen doch die meisten Frauen aufgrund ihres empfindlichen Gemüts die Ausbreitung eines verbalen Blu-
menteppichs, soll der männliche Vorstoß nicht zu einer
nachhaltigen Verstimmung führen. Das allein, lieber

Leser, sollte aber für Sie kein Grund sein, auch Ihrer Frau gegenüber, einmal eine eigene Meinung zu vertreten. Schließlich sind Ihre Wünsche berechtigt, sonst hätten Sie wohl kaum welche.

Bleiben Sie daher ruhig bei Ihrer gewohnten Linie, und tragen Sie alles vor, was Sie Ihrer Partnerin schon immer einmal sagen wollten, aber hüten Sie sich, eine Realisierung Ihrer Vorstellungen zu verlangen. Würde dies doch Ihre Frau stark unter Druck setzen. Vor allem nehmen Sie ihr dadurch die Möglichkeit, es freiwillig, von sich aus, zu tun.

Dieses Dilemma bleibt Ihnen, liebe Leserinnen, zum Glück erspart, haben Sie doch in Ihrer Kindheit gelernt, bescheiden zu sein und auf das Vortragen eigener Wünsche zu verzichten. Überdies leisten Sie damit einen wichtigen Beitrag zur Harmonisierung Ihrer Beziehung. Lieben es doch Männer nicht sehr, sich Verbesserungsvorschläge anzuhören. Da sie doch schon jetzt ihr Bestes geben, sei, ihrer Meinung nach, eine weitere Steigerung kaum mehr möglich.

Seien Sie spontan

Vielleicht erinnern Sie sich, lieber Leser, noch an Ihre Zeiten als jugendlicher Solist, als Sie in Ihrem Kämmerlein erotische Darstellungen und Schriften vor sich ausgebreitet hatten und davon träumten, einmal eine Frau ganz allein für sich zu haben. Eine wahrhaft paradiesische Vision. Konnten Sie nach zahllosen Rückschlägen und Irrwegen diesen Traum endlich verwirklichen, genossen Sie Ihre sexuellen Eskapaden, vor allem aber den Schlüssel des erotischen Erlebnisses, die spontane Umarmung.

176

Befinden Sie sich nun nach vielen aufregenden, sinnlichen Erfahrungen zufällig gerade in einer beunruhigenden Phase der Stagnation, wird Ihnen jeder Sexexperte zu einer Wiedergeburt der spontanen Vereinigung raten, deren Umsetzung für den geübten Ehemann keinerlei größere Probleme mit sich bringen dürfte.

Der wichtigste Grundsatz dieses Förderprogrammes der intimen Begegnung muß allerdings unbedingt beachtet werden, soll die Reanimation sexueller Sternstunden nicht gleich in der embryonalen Phase ersticken. Sind doch besonders Männer leicht geneigt, die Dinge erzwingen zu wollen, statt duldsam und gottergeben zu warten, bis es sich irgendwann einmal ergibt. Aber auch dann, wenn Sie, lieber Leser, von dieser weltweit bewährten Methode der passiven Ergebenheit nichts halten, und Ihrem natürlichen Drang nach bahnbrechenden Aktionen nachgeben sollten, um der geplanten Spontaneitätsdemonstration die Sporen zu versetzen, ist noch nicht alles verloren. Haben Sie das unverschämte Glück, einer der wenigen Frauen teilhaftig zu sein, die auch in der Küche eine gute Figur machen, können Sie beim Zusammentreffen günstigster Umstände durchaus noch auf ein rauschendes Fest entfesselter Sinne hoffen.

Um bei Ihrer Liebsten keinerlei Verdacht einer gezielten Aktion aufkommen zu lassen, hat Ihre insgeheim, klarerweise sorgfältig, vorbereitete Spontaneität unbedingt vollkommen natürlich zu wirken. Da in den meisten Küchen beim Herstellen lukullischer Attraktionen auch Wärme abgegeben wird, entledigen sich viele Köchinnen zumindest eines Teiles ihrer Oberbekleidung. Bewegen Sie Ihren fordernden Körper möglichst lautlos durchs Vorzimmer und überwinden Sie die fehlenden Meter zu

Ihrer Frau am besten mit einem kräftigen Satz. Lassen Sie gleich nach der Landung keinen Zweifel an Ihren Absichten aufkommen. Ihre so spontan umworbene Gefährtin müßte verrückt sein, würde sie ihre dampfenden und zischenden Pfannen und Töpfe nicht augenblicklich ihrem Schicksal überlassen. Sollte gerade Ihrer Frau das Wohlergehen von Nudeln, Suppe und Bohnen wichtiger sein als die einmalige Gelegenheit, mit Ihnen die aufregende Härte des Küchenbodens zu genießen, sind Sie ernstlich zu bedauern, denn Ihre Ehe ist nicht mehr zu retten, leider!

ENTFREMDEN SIE SICH

Länger mit dem Glück einer ehelichen Verbindung gesegnete Männer registrieren in ihrer virilen Abgestumpftheit mit der Zeit immer weniger, welch weibliche Perle ihren Alltag versüßt. Manche besonders widerlichen Zeitgenossen betrachten ihre langjährige Partnerin mit der gleichen Begeisterung wie eine alte Schachtel. Während solche Herren täglich ihr Auto streicheln und es mit allerlei Zierat zu einem anbetungswürdigen Luxusgegenstand emporhecheln, halten sie jedwede Investition in ihre Frau für sinnlose Verschwendung. Doch nur einige wenige, weitgehend irreversibel verkorkste Ehemänner, schauen nicht wenigstens einmal auf, wenn ihre schon längst zum Grundbesitz gehörende einstige Herzensdame urplötzlich den Jagdinstinkt eines männlichen Konkurrenten aktiviert.

Sollte Ihnen, liebe Leserin, zufällig solch ein eben charakterisierter Ignorant Ihrer Reize das Dasein vergraulen, und es Ihnen wegen Ihrer außergewöhnlichen

Aura an einem ebenbürtigen Verehrer mangeln, brauchen Sie dennoch nicht einer resignativen Haltung zu verfallen. Verpflichten Sie, am besten auf Kosten Ihres Mannes, einen ansehnlichen Mitarbeiter eines abendlichen Begleitdienstes. Geben Sie ihm den Auftrag, regelmäßig und unübersehbar an Ihrem Wohnzimmerfenster vorbeizudefilieren. Falls Sie sich das nicht leisten können, bitten Sie einen alten Bekannten um diese Gefälligkeit. Machen Sie Ihren ständig zeitunglesenden Mann unbedingt auf Ihren Verehrer aufmerksam. Sie können sicher sein, daß er in seiner gewohnten Arroganz Ihre Wahrnehmungen als aus dem bevorstehenden Wechsel geborene Hirngespinste in das Reich der Lächerlichkeit verweisen wird.

Der gewöhnliche, durch allzu viele gute Jahre mit Ihnen, übersättigte Ehemann benötigt einfach stärkere Reize, wollen Sie bei ihm eine zumindest leichte innere Unruhe auslösen. Verlassen Sie daher abends öfter Ihr fades Heim, ohne über Ihr Ziel Auskunft zu geben, und wenn Sie nur bis zur nächsten Laterne gehen. Geben Sie ein Kontaktinserat in die Zeitung, und lassen Sie die zahlreich eintrudelnden brieflichen Angebote scheinbar unabsichtlich umherliegen, um diese Ihrem danach greifenden Mann schnellstens aus der Hand zu reißen. Sorgen Sie dafür, daß Sie häufig angerufen werden, schlimmstenfalls auch von Ihrer Mutter. Hetzen Sie beim ersten Läuten zum Apparat, während Sie Ihrem kurz aufhorchenden Mann zurufen, es sei sicher für Sie. Schließen Sie auffallend sorgfältig die Tür und sprechen Sie mit gedämpfter Stimme, aber nur kurz. Schließlich dauert es nicht lange, einen schon längst fixierten Termin perfekt zu machen. Ziehen Sie sich anschließend gleich um, und hüpfen Sie fröhlich trällernd an Ihrem Mann vorüber. Fummeln Sie mit verschiedenen Dessous vor seiner Nase herum, und bitten Sie ihn um sein fachmännisches Urteil, welches davon Sie anlegen sollten. Fragen Sie wiederholt nach der Uhrzeit, und beeilen Sie sich, möglichst rasch fortzukommen. Sekunden vor Ihrem Abgang bitten Sie ihn noch, sich am Wochenende auf keinen Fall etwas vorzunehmen, um die Kinder betreuen zu können, da Sie – wie angeblich schon lange ausgemacht – mit Ihrer Freundin zu verreisen gedenken.

Sollte der Ihrige davon unbeeindruckt anschließend einen gemütlichen Fernsehabend genießen, werden Sie ohne wirklichen Liebhaber in Zukunft wenigstens das leidige Verhütungsproblem endlich los sein.

Sorgen Sie für Streit

Meine Frau liebt Aufregung, Spannung und Nervenkitzel, vor allem aber Abwechslung. Da mir aufgrund meiner phlegmatischen Persönlichkeit jedes Temperament fehlt, gelte ich trotz meiner Bemühungen, explosiv zu wirken, daheim als klassischer Langeweiler. Kein Wunder, daß meine erotische Ausstrahlung auch mit dem empfindlichsten Meßgerät nicht mehr zu orten ist. Als mir meine Frau, hellauf begeistert, von den Erlebnissen ihrer Freundin berichtete, in deren Partnerschaft unbeschreibliche Actionszenen das Chaos zum Dauergast machen, was angeblich zwangsläufig in leidenschaftlichen Umarmungen zu enden pflegt, wußte ich, daß ich unverzüglich handeln mußte, wollte ich nicht der Totengräber meiner Ehe sein. Wenn es unbedingt sein mußte, war ich auch bereit, unsere Wohnung in Flammen aufgehen zu lassen, um mitten in den Rauchschwaden den Sinnesrausch meines Lebens genießen zu können. Bei der ersten sich bietenden Gelegenheit schlug ich daher erbarmungslos zu.

Erstmals erhielt ich von unserer hiesigen Radiostation die Möglichkeit, live meine psychologischen Weisheiten über den Äther zu verbreiten. Der absoluten Einmaligkeit dieses Ereignisses wegen ersuchte ich meine Liebste, jeden einzelnen meiner kostbaren Sätze mit Hilfe eines Kassettenrecorders zu verewigen. Nachdem ich ihr die watscheneinfache Aufnahmetechnik mehrmals erklärt hatte, manipulierte ich in einem unbewachten Moment das Gerät so, daß sich trotz richtiger Handhabung keinerlei Tonspuren abzeichnen würden.

Nach der Sendung erzählte mir meine Frau, daß alles wunderbar geklappt hätte und jedes meiner gewichtigen Worte für die Nachwelt gerettet sei. Ich lobte die Gute für ihr ausgeprägtes Technikverständnis über den grünen Klee, setzte das Band in Bewegung und kuschelte mich erwartungsvoll an mein braves Weib. Doch anstelle meiner sonoren Stimme war nur das leichte Rauschen einer unbespielten Kassette zu vernehmen. Während meine Frau noch fassungslos nach einer Erklärung suchte, war ich längst aufgesprungen und nahm zahlreiche Manipulationen vor, um das Unmögliche vielleicht doch noch möglich zu machen, doch nicht einmal ein einziges Wörtchen all meiner kunstvoll gedrechselten Sätze war zu vernehmen.

Anfangs noch zurückhaltend, steigerte ich mich hingebungsvoll in einen kontrollierten Wutanfall hinein und beschuldigte meine Liebste der gezielten Sabotage. Wie geplant, leugnete sie jede Absicht und führte mir mit zunehmender Erregung mehrmals vor, wie sie genau nach meinen Anweisungen vorgegangen war. Auf meine forschen Zwischenrufe, worauf sie denn dann das Fiasko zurückführe, wußte sie natürlich keine Antwort. Nach mehreren Wiederholungen dieser Sequenz hatte ich sie bald so weit, daß sie nahezu jede Kontrolle verlor und ich in ihren weitaufgerissenen Augen blanke Lust zu entdecken glaubte. Da mir eine noch stärkere Erregung nicht opportun erschien, hielt ich in meinen Attacken inne, um die Früchte meiner Arbeit zu genießen. In der Gewißheit, die entfachten Energien würden sich in wollüstigen Umarmungen entladen, schloß ich erwartungsvoll meine Augen. Plötzlich spürte ich einen heftigen Schlag im Nacken und verlor das Bewußtsein.

Als ich aus meiner Besinnungslosigkeit erwachte, registrierte ich beglückt, daß meine Frau die Wohnung verlassen haben mußte. Obwohl sie Koffer, Schmuck und Sparbücher mitgenommen hatte, wußte ich, daß ich auf dem richtigen Weg war. Einige kleinere Korrekturen meines genialen Planes, und unser Eheleben würde demnächst endlosen himmlischen Höhepunkten entgegentreiben.

Schlafen Sie getrennt

Allen Unkenrufen zum Trotz genießt das gute alte Bett als beliebteste Unterlage bei allen Vereinigungswilligen höchstes Ansehen. Dennoch verliert die eheliche Matte im Laufe der Jahre ihre ursprüngliche Funktion als Liebeslaken immer mehr. Während es in der warmen Jahreszeit noch eher gelingt, die Besucherritze zu überqueren, dient in kälteren Nächten die gemeinsame Schlafstatt auschließlich der Regeneration ermatteter Gehirnzellen. Infolge der für einen gesunden Schlummer nötigen niedrigen Raumtemperatur, flüchten selbst die neugierigen Hände rasch unter die Decke, was lediglich eine Selbstversorgung zuläßt.

Da Frauen wegen ihrer dünneren Haut im allgemeinen sehr kälteempfindlich sind, kommen die meisten von ihnen nicht umhin, ihren bibbernden Luxuskörper nach dem Überstreifen eines dicken Flanellnachthemdes unter mehreren Schichten schützender Deckenformationen zu vergraben. Nur für den geschulten Beobachter sind Haare und Nasenspitze bei günstigem Licht gerade noch auszumachen. Obwohl die üblichen Wellen der Erotik nach ihrem Aufprallen an den Daunenbarrieren einen Teil ihrer Energien verlieren, würde auch der Rest noch leicht ausreichen, den sein Vergnügen suchenden Mann auf eine lustvolle Entdeckungsreise zu schicken, um den vergrabenen Schatz auszubuddeln. Die Angst, nicht schnell genug zum Zentrum durchzudringen und sich dabei noch die Finger abzufrieren, läßt allerdings viele auf ihr Vorhaben verzichten.

Wollen Sie, lieber Eroberer, auch im Winterhalbjahr nächtens eheliche Sternminuten nicht missen, sollten Sie Ihr Lager in der Küche oder im Wohnzimmer aufschlagen, um für eine mögliche Expedition die erforderliche Startwärme aufzuweisen. Haben Sie sich beide nach dem Zähneputzen in Ihre Betten zurückgezogen, ist die erotische Spannung fast mit den Händen zu greifen. Schon die Ungewißheit, ob er endlich einmal kommt, wird bei Ihnen, verehrte Leserin, ein ruheloses Kreisen einschlägiger Hormone hervorrufen und jedes Vorspiel zur unnötigen Verzögerung werden lassen.

Vermeiden Sie aber unbedingt geräuschschluckende Teppichböden, um im Ernstfall Ihren herantapsenden liebeshungrigen Partner nicht zu überhören. Lassen Sie ihn länger in der Kälte stehen, wird er es in diesem Winter vielleicht nie wieder wagen. Haben Sie hingegen seine Annäherung registriert, Ihre Deckenburg geöffnet und ihn in Ihre warme Höhle eingelassen, erübrigen sich alle üblichen Diskussionen über unterschiedliche sexuelle Bedürfnisse. Kann es doch bei solch einer Begegnung nur ein gemeinsames Ziel geben: Den mutigen nächtlichen Wanderer so weit zu erwärmen, daß es auch noch für den Rückweg reicht.

Wie Sie sich „danach" richtig verhalten

In meiner Jugend hatte ich leider nicht die leiseste Ahnung, welch großer Kunstfertigkeit es bedarf, das Ende einer intimen Begegnung einfühlsam abzurunden. Hielt ich doch Vor- und Nachspiel für Begriffe aus dem Reich des Fußballs. Heute hingegen besitze ich ein profundes Repertoire wissenschaftlich bestätigter Erkenntnisse, das ich Ihnen nicht vorenthalten möchte.

Bekanntlich können sich viele Männer als berüchtigte Schnellstarter „davor" kaum zurückhalten. In ihrem Ausnahmezustand versprechen sie ihrer gerade erst aufgetauten Partnerin das Blaue vom Himmel, wollen aber „danach" von den zuvor angekündigten Wiederholungen plötzlich nichts mehr wissen. Kaum aus dem Sinnesrausch erwacht, denken Aktienbesitzer schon an die Börsenkurse, während Unbetuchtere sich mit unbezahlten Rechnungen oder mit anderem alltäglichen Kram beschäftigen.

Als aufgeklärter Mann sollte es Ihnen aber unbedingt klar sein, daß zuvor heftig begehrte Frauen größten Wert auf eine stille Nachbetrachtung der intimen Umarmung legen. Während jene Liebhaber, die sofort nach einem Glimmstengel greifen, ihrer Sucht wegen mit Nachsicht rechnen dürfen, haben Nichtraucher keine Möglichkeit, sich so einfach aus der Affäre zu ziehen. Gewöhnen Sie es sich daher an, taktvoll zumindest einige Minuten zu warten, bis Sie entweder Ihrem Tagewerk nachgehen oder einschlafen, wobei letzteres meiner Erfahrung nach wesentlich attraktiver erscheint. Kritisch wird es für den so schnell ernüchterten Mann, wenn er in diesem heiklen Stadium der fortschreitenden Erschlaffung von seiner noch entrückten Gefährtin um verbale Liebesbeweise gebeten wird.

Lassen Sie, lieber Leser, Ihre geliebte Partnerin dennoch niemals wissen, daß Ihre Gedanken „danach" nicht unbedingt Ihrem Liebesgeflüster entsprechen.

Die gekaufte Lust

Da all die vorgestellten Varianten doch recht aufwendig sind, beschließen viele Langzeitpaare, ihr eheliches Intimleben in seinem komatösen Zustand zu belassen und sich statt dessen woanders umzusehen, wobei das nicht unbedingt ein Seitensprung sein muß. Ein solcher kann nämlich ebenso belastend sein wie der Versuch, eine reizlose Beziehung durch den Besuch in einem Sauerstoffzelt wieder aufzumöbeln. Vom jahrelangen ehelichen Desaster frustriert, nützen vor allem Männer die Möglichkeit, sich an der breiten Palette käuflicher Surrogate zu ergötzen, während Frauen infolge des geringen Angebotes wie üblich diskriminiert werden.

Im Zeitalter des egozentrischen Individualismus entwickelt sich ein immer stärkerer Trend zur klinisch sauberen, kontaktfreien sexuellen Entspannung. Anstelle des seinerzeit üblichen Besuchs öffentlicher Lusthäuser, nehmen finanziell wohlbestallte Männer heute häufig das bequeme und infektionsfreie Telefonservice in Anspruch. Bei sexuell deprivierten Sparefrohs zeigt sich hingegen ein immer stärker werdender Zug zur Gummipuppe. In der Anschaffung nicht gerade billig, amortisiert sie sich bei häufigem Gebrauch rasch und ist – nach dem Ablassen der Luft – auch in der kleinsten Wohnung in einem Kästchen problemlos unterzubringen.

Wohl der größte Vorteil.

Ich selbst habe es zu meinem größten Bedauern noch nie gewagt, von den attraktiven Früchten der gekauften Lust zu naschen, müßte ich doch wegen meines großen Bekanntenkreises jederzeit damit rechnen, in solch einem einschlägigen Etablissement ertappt zu werden. Schließlich habe ich absolut keine Lust, in einer Peepshow vielleicht neben meinem erregten Chef zu stehen. Der würde es wahrscheinlich nicht einmal dort lassen, mir genaue Anweisungen zu geben, wie ich es richtig zu machen habe. Abgesehen davon ist mein Taschengeld nicht so reichlich bemessen, daß ich mir solch einen Augenschmaus regelmäßig leisten könnte.

Nun gibt es sicher viele Menschen, denen all diese Erörterungen die Schamröte ins Gesicht treiben werden. Doch auch sie brauchen nicht zu befürchten, ihrer Geschlechtlichkeit keinen adäquaten Ausdruck mehr geben zu können. Dafür sorgen schon die segensreichen

Produkte der modernen Chemie, mit deren Hilfe selbst völlig ausgebrannte Männer ihre alte Spritzigkeit wiederfinden werden.

Ich hatte nämlich einmal die Gelegenheit, meine Liebste zu belauschen, die gemeinsam mit ihrer besten Freundin über meine nachlassende Potenz räsonierte. Zwar kenne auch ich das Sprichwort vom Horcher an der Wand, mußte aber dieses Risiko in Kauf nehmen, sollte es mir doch an das Eingemachte gehen. Plötzlich hörte ich beide Damen laut glucksend auflachen und wußte, daß hier eine Verschwörung im Gange war.

Nach den an mein gespanntes Ohr gedrungenen Informationen, mußte ich ein noch viel lausigerer Liebhaber gewesen sein, als ich es jemals für möglich gehalten hätte. Es kam aber noch viel dicker. Bei ihrem Mann hätten geschmacklose Tabletten, in der Suppe zu einem explosiven Lustgemisch verrührt, wahre Wunder gewirkt und jeden Umfaller ausgeschlossen, erzählte die Freundin meiner Liebsten. Außerdem handle es sich dabei nur um pflanzliche Extrakte; noch dazu ohne jede Nebenwirkung, wenn man von periodischen Sehstörungen absehe.

Meine Frau zeigte sich restlos begeistert und machte sich gleich am nächsten Tag an die Behandlung. Da ich ein fanatischer Suppenschlürfer bin, stehen die Schwellkörper meines Sexualzentrums seit damals unter Dauerbeschuß. Anscheinend zähle ich zur Minderheit der Therapieresistenten, zeigt doch meine Potenz keinerlei Aufschwung.

Enthaltsamkeit: Das Tor zum persönlichen Glück

Abschließend möchte ich Ihnen aber nicht verschweigen, wie sich meine sexuellen Probleme durch einen einzigen Glücksgriff in Nichts auflösten. All das habe ich einer meiner Töchter zu verdanken, die trotz ihres jugendlichen Alters Buchhandlungen durchzupflügen pflegt, dabei aber noch meiner väterlichen Begleitung bedarf.

Bei einem dieser Ausflüge in das Reich der Literatur fiel mein ziellos herumstreunender Blick auf ein Buch. Auf das Buch, das ich unbewußt immer schon gesucht und nach dem ich mich intensivst gesehnt hatte, ohne zu ahnen, daß es so etwas überhaupt geben könnte: „Sex ist nicht alles im Leben" (Liz Hodgkinson, Knaur, München 1987). Ich stürzte zum Buchständer, riß ein Exemplar heraus, durchraste es mit meinen zitternden Fingern und riß dabei einzelne Seiten ein, weil ich immer noch schneller lesen wollte. In meiner übermenschlichen Motivation war es mir ein leichtes, dieses Elaborat in kürzester Zeit in meine dürstende Brust aufzunehmen. Mein großer Traum schien endlich wahr zu werden. Das jahrelange Theater würde nun bald der Vergangenheit angehören.

Augenblicklich eilte ich nach Hause, stürmte über die Schwelle wie in den Flitterwochen, umarmte kurz, aber heftig meine leicht erstaunte Frau und entriß sie der dampfenden Küche. Auswendig trug ich mit fester Stimme begeistert die wichtigsten Passagen meines neuen Kultbuches vor: Spätestens nach vier Jahren sei bei den meisten Paaren sexuell die Luft draußen. Es wäre daher kein Wunder, einander einfach nur mehr reizlos zu finden. Da diese Unglücklichen es natürlich nicht wagen würden, dies offen auszusprechen, müßten sie – oft jahrelang – miteinander reine Pflichtakte ausüben.

Schon nach dieser Anfangssequenz zeigte sich meine Frau restlos begeistert und hielt mit ihrer Meinung nicht lange hinter dem Berg. Genau das gleiche habe sie doch schon immer gesagt, und wenn ich ihr wenigstens einmal genau zugehört hätte, wäre uns beiden einiges erspart geblieben. Nicht einmal im Traum hatte ich mir diese überwältigende Zustimmung meiner Liebsten erwartet, und so fuhr ich aufgeregt fort, das Buch der Bücher zu zitieren. Es gäbe weder ein echtes Bedürfnis nach Sex noch den dazugehörigen Trieb, der gestillt werden müsse. Das einzige Muß sei neben dem Tod lediglich der regelmäßige Gang zum Wasserklosett. Nur dabei wäre Enthaltsamkeit nicht angebracht. Nachdem meine Frau diese Aussage eben verifiziert hatte, konfrontierte ich sie mit einer weiteren Reihe überzeugendster Argumente: Es sei völlig unsinnig, von sexueller Befriedigung zu sprechen, schließlich löse ein Akt doch gleich den nächsten ab und ende in schweren Fällen mit dem bekannten Wiederholungszwang.

Als mich meine angespannt lauschende Frau schon wieder unterbrechen wollte, erhöhte ich mein Sprechtempo erheblich, um auch noch den entscheidenden Rest der wesentlichsten Inhalte anzubringen. Mit einer herrischen Handbewegung hieß ich meine Süße schweigen und kam, wissend lächelnd, zum Finale: Die meisten Ehemänner wären gezwungen, täglich ihre unwillige Frau zu intimen Handlungen überreden zu müssen, ja sie geradezu anzubetteln. (Oh, wie ich das kannte!) Nur wenigen der Frauen gelänge es, sich durch Kopfschmerzen oder ähnliche Vorwände vor den sexuellen Belästigungen ihrer Männer zu retten. Um diesen gräßlichen Erlebnissen zu entgehen, würden viele dieser malträtierten Geschöpfe ihre eigene Weiblichkeit verleugnen und sich möglichst unattraktiv präsentieren. Schließlich sei der Akt für jede Frau ein Angriff, und ihre einzige Freude bestehe darin, diese Aggression bei guter Gesundheit zu überstehen.

Die meisten Frauen zögen es nämlich vor, eine nette Unterhaltung zu führen, statt sich in anstrengenden Körperkontakten sinnlos herumzuwälzen. Anfangs würden sich zwar fast alle Ehemänner gegen den Vorschlag, in Zukunft auf das Reiten sexueller Attacken zu verzichten, wehren, bald darauf aber vor Entzücken jauchzen. Würden sie doch nie wieder Angst haben brauchen, ihn nicht hochzubekommen oder gar sein Absinken währenddessen miterleben zu müssen. In der Folge könnte sich auch die schrecklichste Beziehung wieder wandeln und zur absoluten Wonne für beide Partner werden. Auch wir hätten daher noch eine Chance, den Karren aus dem Dreck zu ziehen.

Beifallheischend und hoffnungsfroh blickte ich in die leuchtenden Augen meiner Gefährtin. Sie aber lächelte mich nur wonnetrunken an und schwieg überwältigt. Da wußte ich, daß wir es geschafft hatten. Meine Frau aber konnte aufhören, vor meinem abendlichen Heimkommen ihr hübsches Gesicht zu entstellen, um sich meinen gierigen Griffen zu entziehen. Unbeschreiblich glücklich, uns der Enthaltsamkeit verschrieben zu haben, umarmten wir uns heftig als wären wir einander eben erst begegnet. Durch das Wissen, endlich nicht mehr wollen zu müssen, fühlte ich mich wie von einer Last befreit und so entspannt, daß ich keine Mühe hatte, das laute Pochen im Zentrum meiner Männlichkeit wahrzunehmen. Vom Strudel der Gefühle mitgerissen, bedeckte ich den ganzen Körper meiner bebenden Geliebten mit unzähligen Küssen, die sie leidenschaftlich erwiderte.

Erst nachdem wir aus unserem Sinnesrausch erwacht waren, wurde uns mit Schrecken bewußt, daß wir unsere eben getroffene Vereinbarung gebrochen und unser Glück mit Füßen getreten hatten. In der Gewißheit, uns nach so vielen gemeinsamen Ehejahren auf unsere Reizlosigkeit verlassen zu können, hatten wir die Wirksamkeit alter Verhaltensmuster offensichtlich unterschätzt. Unermeßlich deprimiert starrten wir mit hängenden Köpfen auf die mißbrauchte Matratze. Nach dieser schmerzlichen Trauerarbeit faßten wir uns zum Glück bald wieder und beschlossen, einen neuen Versuch zur immerwährenden Keuschheit zu starten. Wir waren fest davon überzeugt, daß es beim nächsten Anlauf sicher klappen würde.

Schließlich hatten wir doch die zerstörerische Wirkung unserer Sexualität erkannt und wollten endlich auch zu jenen glücklichen Paaren zählen, die es geschafft haben, ihre niedrigen Instinkte zu beherrschen, um sich höheren Werten zuzuwenden.